ITALIE
SICILE, BOHÊME

NOTES DE VOYAGE

PAR

AUGUSTE LAUGEL

PARIS

HENRI PLON, IMPRIMEUR-ÉDITEUR

10, RUE GARANCIÈRE

1872

Tous droits réservés

ITALIE

SICILE, BOHÈME

PARIS. TYPOGRAPHIE DE HENRI PLON, 8, RUE GARANCIÈRE.

ITALIE
SICILE BOHÊME

NOTES DE VOYAGE

PAR

AUGUSTE LAUGEL

PARIS

HENRI PLON, IMPRIMEUR-ÉDITEUR

10, RUE GARANCIÈRE

1872

Tous droits réservés

ITALIE

ITALIE.

LA RIVA DEL PONIENTE.

Le golfe de Gênes est une rive privilégiée : les montagnes descendent droit à la mer ; leurs puissantes racines enfoncent leurs nœuds dans la grande plaine bleue. Entre ces contre-forts s'étendent des vallons bénis, pareils à de grandes conques de verdure. Cannes, Nice, Monaco, Mentone, San Remo, y sont dans des positions adorables. La route de la Corniche, qui bientôt sera abandonnée pour le chemin de fer, va de vallée en vallée, en grimpant par des lacets sur l'extrémité des caps. Le voyage est comme un rêve entre ciel et terre : la mer, qui semble, même en mars, quand le mistral souffle en Provence, faite d'émeraude et de saphir fondu, réfléchit les pointes rocheuses, et la vague vient mourir amoureusement sur les minces grèves qui bordent la terre.

Les vallées sont couvertes de bois d'oliviers ; on s'accoutume vite à leur feuillage pâle et double, que le moindre vent fait jouer comme une sombre moire ;

les troncs noueux, déchirés, tordus, jettent un réseau d'ombres fantastiques sur la terre déjà verte; les figuiers, dont les branches argentées semblent se fuir comme des doigts violemment écartés, sont les seuls arbres sans feuilles. Çà et là on trouve des oasis africaines, des bouquets de palmiers dont les panaches roides se dressent gauchement, des bordures hérissées d'aloës déchirés, rongés, d'où sortent les feuilles les plus jeunes pareilles à la griffe d'un animal; des cactus aux feuilles plates s'étagent dans les anfractuosités. Dans les villes, des allées de platanes bordent les maisons. San Remo est une de ces stations. Pendant que les chevaux mangent, je m'égare dans la haute ville : point de rues, des sortes de corridors formés des maisons unies et soutenues par des arceaux; un désordre inouï; partout des refuges contre le soleil de l'été, qui ne peut luire qu'à midi dans ces longues fentes obliques. Au sommet, devant un couvent déserté, des enfants demi-nus jouent dans le sable. Pas une voile sur la mer; les caps sont comme des flèches qui entrent dans l'azur. La ville semble un amas de tuiles en désordre, d'où sort çà et là une tour, un clocher.

Nous couchons à Oneglia, dans une méchante auberge. Promenade le soir sous de hautes arcades. Des jeunes gens drapés dans des manteaux fument en chantant. Un abbé fume en discourant. Orion brille d'un éclat extraordinaire.

Diano Marino est peut-être le plus charmant des oasis de la côte : au fond du vallon, le lit d'un torrent, quelques jardins, puis des oliviers qui montent assez haut sur la montagne; au-dessus, les cimes nues, rocheuses, violettes, rouges, jaunies; au fond, des hauteurs neigeuses. A Albenja, on passe près d'un vieux pont romain que les alluvions du torrent ont à demi enterré; on sent toute la force romaine dans ces vieilles arches, qui semblent bâties pour l'éternité. Peu à peu la côte devient plus âpre; le croissant des oliviers, si large à Mentone, à San Remo, se rétrécit; les montagnes se dénudent, elles ont des surgissements, des mouvements plus subits; le doux manteau de verdure ne marie plus la terre à l'eau. Il y a aussi moins de paresse; on rencontre, en approchant de Savone, plus de chantiers de construction; ici vit une forte race de marins, on les voit coiffés d'un bonnet rouge; les enfants dessinent sur les murs des barques naïves. On arrive enfin à Savone.

Nous avons eu au sortir d'Oneglia, avant le lever du soleil, vue de toute la côte ligurienne jusqu'à la Spezzia. Les montagnes roses pâlirent promptement quand le soleil échancra l'horizon; mais toute la journée, je revis de distance en distance la côte de Gênes. En descendant vers Savone, on aperçoit très-bien la tache blanche de la ville sur son fond de montagnes.

Je ne connais pas de plus belle route que cette Corniche. La mer étendue à droite, unie, calme, ressemble à un lac d'azur; quelquefois elle semble guillochée comme un fond de mosaïque, quelquefois une poussière noire semble y danser; le vent y trace des marbrures infinies; les caps se prolongent par des bandes de couleur; sur la grève, l'eau, devenue laiteuse, promène son éternelle caresse.....

VENISE.

Il faut se hâter de voir Venise, qui se meurt d'une mort lente. Les Tedesci sont partis, les canons ne sont plus braqués sur la Piazzetta, les uniformes blancs ne passent plus sous les arcades de la place Saint-Marc; mais le commerce languit; la forêt de mâts du port s'éclaircit d'année en année. Les vieux palais demeurent inhabités, ou sont livrés à de viles industries; un teinturier tire son drap rouge hors de l'eau, où posait autrefois le pied des seigneurs et des dames aux robes traînantes. Le temps ronge et noircit de plus en plus les fenêtres de marbre, les balcons mauresques; les murs de briques, qui ne sont jamais recrépis, semblent rongés de la lèpre; plus d'armoiries aux pieux bariolés, dont le pied aminci sort de l'eau. Dans les quartiers populeux, où du matin au soir la foule se presse dans les *calle,* sur les petits ponts et les *piazzette,* on voit des mines hâves, pâles, des haillons qui déparent cette race naturellement forte, à l'ossature ferme. Mais la misère de Venise est plus belle que la richesse des plus grandes capitales. Dans les îlots les plus pauvres, à Murano, par exemple, où toutes les maisons tombent en ruine, on voit çà et là des têtes si belles qu'elles seraient dignes de figurer dans une toile de Titien. La pêche, l'air salin des lagunes, le soleil, le grand air nourrissent une race encore énergique. Les gondoliers, qui rament debout en se penchant vers la proue, ont une noblesse antique. Les femmes se drapent dans leurs châles grossiers comme des madones. Dans les églises, des vieilles ridées prennent naturellement les poses des saintes femmes au pied de la croix. Mettez à ces enfants aux grands yeux fendus, à la chevelure ébouriffée, aux membres fins et arrondis, des vêtements de satin blanc, et ils pourront prendre place dans les foules bariolées du Véronèse. Cette petite fille, qui marche si droite en retroussant un pan de sa robe courte, fait penser au Christ de la Présentation au temple. A tous les coins de rue, parmi les femmes qui descendent leurs seaux de cuivre dans les puits, sous la cape des gondoliers qui causent ou dorment sur le môle, on retrouve les vigoureux profils, les nez énormes, les sourcils drus, les rudes chevelures des doges. A la Fenice, parmi cette jeunesse insouciante qui va de loge en loge, ou

se tient debout au parterre, on reconnaît sous le
triste vêtement noir les beaux seigneurs à mine heureuse, sensuelle et satisfaite, des tableaux de l'école
vénitienne. Mais où sont les blondes charnues, sou-
riantes, paresseusement drapées dans la soie et le
brocart, de Véronèse et de ses élèves? J'ai cherché à
la Fenice la Venise triomphante de l'Apothéose, les
belles convives des grands festins dont les torsades
sont retenues par une chaîne de fines perles; ces
Hollandaises du Midi, presque aussi blondes, presque
aussi blanches, au sang plus généreux, aux chairs
plus fermes et moins plissées, à la mine plus noble.
Je n'ai guère vu que des femmes que j'aurais pu voir
à l'Opéra de Paris, des types communs, sans art,
sans grandeur. Une seule tête m'a frappé : ce n'était
pas la puissante beauté des temps passés, mais une
blonde fine aux lignes délicieusement classiques;
une sorte de Polymnie, à la tête ovale plutôt que
ronde, au nez presque grec, à la lèvre courte; mais
une Polymnie moderne, toujours parlant, souriant,
jasant, courbant la tête avec des mouvements d'oiseau, faisant sans cesse voltiger les frisons de sa coif-
fure classique, regardant de dix côtés à la fois, quelque
chose de la grande dame et de la courtisane, une
grande coquette enfin, véritable Célimène italienne,
dont le doux parler m'arrivait de loin en notes interrompues.

La guerre et la liberté ont fait Venise; les navigations hasardeuses, les grandes batailles navales dont Tintoret a peint l'affreuse confusion, les luttes pour l'indépendance, la vie républicaine, ont fait sur quelques îlots vaseux cette Hollande de la Renaissance : ce lieu est unique au monde. L'art y est, comme Vénus, sorti de l'onde. Chaque monument est comme une fleur des lagunes. On sent partout une liberté charmante. Nulle symétrie, point de style dominateur qui écrase et étouffe les autres. A l'antiquité, ces marchands guerriers prennent ce qui reste d'Aquilée (deux piliers dans la façade de San Donato), d'innombrables colonnes de granit, de porphyre, celles de Saint-Marc, celles de la Piazzetta, qui portent le lion ailé aux yeux ouverts, aux griffes tendues, et le crocodile sur lequel pose saint Théodose ; les emblèmes de Junon et de Vénus, les deux paons et les deux colombes qu'on retrouve si souvent ; à Byzance, ils prennent les coupoles, les mosaïques roides, archaïques, les grands saints à l'œil fixe, environnés d'un ciel d'or ; aux Sarrasins, les arabesques, les découpures bizarres ; à l'art gothique, son style le plus ferme et le plus pur ; puis éclate la floraison inouïe de la Renaissance, pareille à celle d'un printemps italien. Les campaniles s'élèvent comme des mâts carrés. La fantaisie créatrice s'essaye aux plus charmants caprices ; elle élève des palais sans nombre, elle les remplit d'escaliers, de portiques ; elle plaque partout les marbres les plus rares, elle achève le palais des doges, elle remplit les églises de tombeaux merveilleux; elle fond les bronzes de la Loggetta, des fontaines, les mâts qui portent les banderoles; elle sculpte les plafonds des palais, enfin elle les remplit sur ses toiles d'un peuple immobile aussi nombreux que le peuple qui remue sur les lagunes.

La Renaissance a eu un moment qu'il faut s'efforcer de bien saisir : on ne veut plus de cet art chrétien, trop maigre, trop ascétique, dont on retrouve le type dans les chapiteaux des coins extérieurs du palais des doges, dans le groupe d'Adam et d'Ève, dans les figures touchantes mais roides et comme. souffrantes du *Jugement de Salomon*. Il s'est fait comme une détente dans la foi : on admire l'antique, on veut l'imiter; mais on n'ose encore copier le nu païen et montrer des corps sans voile. On couvre d'une draperie fine et à peine transparente les vierges chastes des tombeaux (tombeau des Niccolo Tron (1473), de Ant. Rizzo). Cet art adolescent pourra-t-il trouver un type d'homme plus charmant que le jeune gondolier au front bas, aux longs cheveux pendants, aux vêtements collants, à la jambe mince et nerveuse? Que de fois je l'ai reconnu dans une silhouette lointaine, dressé noblement sur sa barque et la conduisant d'un geste impérieux! Je l'ai revu aussi, le jeune éphèbe, dans un méchant ballet de la Fenice, où il jouait l'*Enfant prodigue*. Sitôt

qu'il parut en scène, je me dis : Le voilà! Ce n'est
plus l'éphèbe grec, calme et d'âme placide; dans
celui-ci, il y avait je ne sais quoi d'inquiet, de plus
ardent. Ses yeux profonds luisaient sous l'arcade
sourcilière relevée; le front était bas, les lignes du
nez, des lèvres et du menton avaient quelque chose
de plus ferme encore. Grand, mince, toutes ses poses
avaient quelque chose de tragique : il me faisait penser à des drames d'amour et de haine; je le voyais la
dague ou le poignard en main. Il marchait comme
un jeune dieu : je ne voyais que lui, et n'avais pas
un regard pour les ballerines dont le tourbillon et les
grimaces ne troublaient pas sa mine dédaigneuse.
J'ai été rarement touché par la beauté masculine, et
j'ai cru quelquefois que le mystère de cette beauté
était inaccessible. En face de ce jeune homme, j'en
sentis comme une révélation, et je compris que
l'homme aussi peut être beau. Ce qui me frappait,
c'était son énergie, je dirai presque son air méchant,
et cette méchanceté même me charmait. Quelle rage
la passion doit atteindre chez ces êtres qui semblent
créés pour la passion! quelle force dans leur calme!
quelle puissance dans la haine et dans l'amour!

La peinture s'est inspirée constamment de ce type
charmant. N'est-ce pas un jeune gondolier, ce Bacchus bruni (Tintoret) qui offre avec une timidité
ardente un anneau à Ariane couchée toute nue au
bord de la mer, et couronnée par une femme sans

ailes, qui vole horizontale avec un mouvement
d'une grâce et d'une audace sans pareilles. La mer
bleue étincelle : Bacchus couronné de pampres, à
l'œil brun et profond, bronzé du soleil, est un peu
penché en avant ; le désir luit dans ses yeux, ouvre
ses narines et ses lèvres, pareilles à deux coraux.
Ariane est paresseuse, comme toute Vénitienne ; elle
accepte tranquillement l'hommage de son jeune ado-
rateur. Mais ici nous sommes déjà dans un art
païen ; la Renaissance est encore chaste avec Sansovino dans les délicieuses figures de la Loggetta, avec
Riccio, avec Lombardo. Dans le tombeau du Mo-
cenigo (Lombardo), quelle sévérité dans les figures
du doge et de ses fils ! Ils sont tous debout, attendant immobiles la trompette du jugement.

Le peintre de la chasteté, c'est surtout Jean Bellin.
Il refait toujours la même Vierge, mais combien pure
et touchante ! J'ai retrouvé, dans mes promenades,
des têtes qui rappelaient vaguement cette tête rêveuse, aux paupières demi-closes, ce contour rond
du visage plutôt qu'ovale, ce nez un peu court, la
lèvre supérieure un peu allongée sur une bouche
courte et d'un arc adorable. Ce n'est pas ici la femme
des apothéoses flamboyantes, dominant les lions, les
coursiers, les guerriers cuirassés, les robes de pourpre
et de drap d'or ; celle-ci est pieuse, elle prie, elle ne
souffre pas, mais fait penser à la souffrance. Comme
elle tient délicatement le Jésus nu, si puéril et pour-

tant si noble! quelle mystique piété sur les personnages rangés symétriquement autour de son trône,
tantôt des saints, tantôt des doges, des évêques!
(Triptyque de la sacristie des Frari, Madone de l'Académie, Madone de l'église San Donato à l'île Murano.) La Vierge de Véronèse est la femme des seigneurs, qui vit sur le grand canal; celle de Bellin
est la femme austère des pêcheurs. Carpaccio, de
l'école de Bellin, nous montre la vieille Venise populaire, les foules, le Rialto, les processions de la
place Saint-Marc; c'est un croyant, on le voit bien
à son curieux tableau qui représente des moines
cherchant un morceau de la vraie croix au fond d'un
canal.

La splendeur, la richesse croissante de Venise ne
pouvaient se contenter longtemps d'un tel art; mais
comment parler de la luxuriante école qui suivit? Il
faut s'arrêter à quelques points culminants : au sommet, au-dessus de tout, dans cette zone qu'atteint
le génie, l'*Assomption* de Titien. L'art ne peut aller
plus haut; les contours sont de Raphaël, la couleur
de Véronèse. Les formes humaines sont exprimées
avec une force, une liberté, une aisance inouïes;
les apôtres, largement drapés dans leurs manteaux,
regardent étonnés, les bras élevés et comme suspendus à cette Madone qui s'enlève droite et d'un
jet simple sur ses nuages. Elle tend les bras à Dieu
le Père qui vient la chercher, et qu'entoure un limbe

doré. On n'aperçoit que sa tête aux cheveux flottants, empreinte de sublimité et pourtant de tendresse. Rien de plus simple que cette ordonnance : nul caprice, et pourtant nulle gêne. Au bas, une humanité robuste; des hommes grossiers, aux chevelures épaisses et drues, aux membres épais, vigoureux. Au-dessus d'eux, une femme, un vieillard; mais cette femme est le type éternel de la pureté, ce vieillard est Dieu lui-même. L'expression est religieuse, le symbole est humain; la foi ne s'exprime pas ici par les douloureuses et fluettes figures des écoles ascétiques, mais par la beauté, la force et la santé.

Je prends un autre exemple : la *Présentation du Christ au Temple.* Ici nous sommes en pleine Italie; voilà des arcades, des maisons dont les fenêtres se remplissent de curieux. Au fond, un paysage riant comme ceux de la Toscane; au pied de l'escalier du temple, la foule des personnages graves vêtus de noir, à tête monacale, comme on en trouverait ici à chaque pas. La Vierge qui précède le cortége n'est pas la Marie douloureuse, elle n'a rien du type traditionnel, elle ne ressemble pas aux Madones rêveuses de Raphaël; on la voit de profil : c'est une belle Juive jeune, au teint olivâtre, drapée de blanc et de jaune, et non pas, comme d'habitude, de rouge et de bleu; sur le premier plan, à droite, une vieille au nez crochu est accroupie, et à ses pieds gisent un coq et un agneau noir. On se croirait dans quelque ville d'Italie. Mais ce n'est pas un enfant ordinaire, celui qui d'un pas grave monte les marches en retroussant sa petite robe. Quel respect chez ce vieux prêtre mitré qui l'attend en habits pontificaux! Il y a dans cette toile une vie extraordinaire, avec un air de fête : c'est le produit d'une religion heureuse, humaine, qui ne repousse plus l'allégresse, la jeunesse, le bonheur.

Titien conserve encore le sentiment religieux; chez Véronèse, il s'évanouit. Dans ses toiles, la religion n'est plus qu'un prétexte; il ordonne les *Noces de Cana,* les *Festins de Jésus* comme des fêtes d'opéra. Ses apôtres, ses saints sont de riches Vénitiens couverts de soieries, ruisselants de santé, de force, de vigueur animale; ses femmes sont les blanches courtisanes qui s'accoudaient sur les balcons des grands palais. Venise devient païenne et dissolue. Elle ne rêve plus que d'amour; la foi s'exile sous les sombres coupoles de Saint-Marc, et le nouvel art respecte ce vieil asile. Le palais des doges conserve encore ses deux façades solennelles, où sur une double rangée d'arceaux trapus se dresse un mur sévère et droit, carrelé de marbre rouge et blanc; c'est celle qu'on montre encore au peuple. Mais au dedans, quel luxe, quelle fantaisie, quelle richesse! Statues, escaliers dont chaque marche est une merveille, fenêtres que sculptent les ciseaux les plus habiles, grands salons dorés que la peinture couvre de ses merveilles. Les

patriciennes posent pour les grandes toiles où Véronèse peint le triomphe de Venise : c'est ·la grande
débauche de la peinture. Les femmes sont toutes
sensuelles, lascives ; leur beauté se pare de soie aux
cassures brillantes, de lourds colliers, des pierreries
du Levant : les perles s'enroulent dans les torsades
de leurs cheveux.

La passion guerrière et batailleuse de Venise se
retrouve encore dans ces grandes toiles où la volupté
a tant de place. Voilà des guerriers au torse vigoureux, des porte-bannières, des soldats cuirassés, des
doges triomphants vêtus d'or et de pourpre. Dans
ce plafond, qui représente un vieillard et une femme
(Vecchio et Giovine), le vieillard accoudé serre dans
sa main les touffes de sa barbe grise ; il n'a pas même
un regard pour la jeune femme, dont le soleil dore
les grasses épaules et les cheveux frisonnants ; son
œil est sur la lagune, sur la grande mer.

La religion, qui, avec Titien, est encore noble,
grande, austère, n'a jamais ici été mystique ; si près
·de Padoue, elle n'a pas connu les chastes ravissements de Giotto, les douloureuses ivresses de l'ascétisme. Jean Bellin seul est touché d'un rayon de la
grâce, et met une tristesse rêveuse dans ses Madones ;
mais sa peinture ne cherche point le symbole, elle
ne traduit pas le miracle, la légende, la scolastique,
les mystères sacrés. Les Vénitiens ne vivent pas dans
la sphère du surnaturel. Quelle absence complète de

sentiment religieux, au sens idéal de ce mot, dans le *Saint Marc délivrant un prisonnier,* de Tintoret : peinture admirable, la plus belle de ce maître, dramatique et pleine d'invention, mais nullement dévote! L'œil n'est frappé que par les couleurs, les poses, par le raccourci de l'esclave couché dont les liens viennent d'être brisés, par la superbe cambrure d'une femme vue de dos qui tient un enfant et se renverse pour mieux voir, par les plis à cassures luisantes, par les torses puissants des soldats, l'un nu jusqu'à la ceinture, un autre rouge, un autre couvert d'une cotte de mailles étincelante comme un serpent. Le groupe des assistants penchés vers l'esclave, confondus d'étonnement et de curiosité, est des plus saisissants ; j'aime moins saint Marc, qui tombe du ciel dans un limbe jaunâtre. Les figures, en général, manquent de noblesse, mais les personnages sont pleins de vie ; ils ont tous l'attitude, la saillie, l'inflexion de corps qui convient.

Tintoret donne à toutes ses femmes la mine banale, inachevée, indécise ; son *Ève* qui présente la pomme à Adam, son *Ariane,* ses *Trois Grâces* ont toutes le même visage. Ses figures d'homme sont plus expressives ; voyez les *Forges de Vulcain,* et surtout cet admirable *Bacchus!* Les Vénitiens n'ont été inspirés que par la nature vivante ; ils n'ont rien demandé au christianisme, rien à l'antiquité païenne. Nul souci de la Grèce, de Rome, de l'histoire ; ce

sont toujours des doges, des seigneurs qui entourent
la Vierge et Jésus, qui s'attablent aux noces de
Cana, au festin d'Emmaüs, à la Cène. Leurs dieux
olympiens n'ont rien d'antique. Les plafonds de la
salle du collége sont des figures allégoriques où Titien n'a suivi que son ingénieuse fantaisie; Vénus
est toujours l'idéale Venise, sortie comme elle de
l'eau; Mars un condottiere insolent, cuirassé, un
soldat qui brandit quelque drapeau aux longs plis
flottants. La mythologie, le christianisme ne servent
ici qu'à fournir à l'art quelques thèmes faciles sur
lesquels il jette ses caprices et qu'il étouffe presque
sous les ornements. Tout est pris dans la vie réelle :
ce ciel, traversé de blanches rayures et de flocons, est
le ciel des lagunes; ces foules remuantes sont celles
du môle, de la place Saint-Marc; ces arcades, ces fenêtres à jour, ces belles échappées d'architecture, ces
étranges fantaisies du marbre et de la pierre, vous
les apercevrez à tout moment en errant sur les canaux. Ces perspectives aiguës sont celles qui frappent
l'œil du fond des gondoles.

Comment ce peuple aurait-il eu souci d'une tradition? Insulaire, séparé du monde entier, de l'Italie
même, politique par excellence, familier avec l'Orient,
avec la Grèce, avec toutes les rives de la Méditerranée, ramenant les trésors du monde entier alors
connu à un point unique, il ne s'absorbe jamais
dans un idéal étranger et de convention.

L'admirable désordre de Saint-Marc est l'image frappante de la nation; quel amusement sans fin de l'œil et de la pensée! Ici, les chevaux de bronze volés à Rome; ailleurs, le mystérieux bloc de porphyre où s'embrassent les quatre Césars; la forêt des colonnes brunes et noires, rongées du temps, supporte les murailles où s'étale sur un fond d'or et dans sa naïveté charmante toute la légende chrétienne, les grands patriarches, les évêques mitrés, le Jésus byzantin à l'œil fixe et féroce, les saints, les martyrs, les anges aux ailes bleuâtres, tout un peuple aérien qui plane sur les voûtes, les hautes coupoles, au-dessus des vieilles lampes de cuivre en forme de croix, autour du sanctuaire encombré de richesses; auprès de l'antique autel à quatre colonnes, des bronzes délicats du Sansovino; au-devant, deux chaires étranges : aucune symétrie, aucun souci d'une règle. On marche sur des mosaïques que les mouvements du terrain ont fait onduler comme des vagues. Les angles qui dominent les trois grandes arches du porche se hérissent de pointes, de fleurons pareils à des franges d'écume, d'où émergent des statuettes. Au milieu des symboles chrétiens, on retrouve les deux paons et les deux colombes qui symbolisent Junon et Vénus. Le fond jaune des mosaïques, sur lequel, par moments, les personnages sacrés se dressent comme de noirs fantômes, a des lueurs fantastiques qui varient à tout moment, à toute heure du jour.

Au dedans, au dehors, tout est bizarrerie, caprice.
Et si le regard quitte un moment le vieux temple,
il trouve au pied du hardi campanile la Loggetta,
charmant joyau de marbre et de bronze; en face, la
porte gothique qui laisse voir l'escalier des Géants,
l'immense face du palais dogal appuyé sur sa double
rangée d'arcades, l'une gothique, l'autre arabe; les
lignes harmonieuses des Procuraties, le môle, les
gondoles pressées en désordre; la mer enfin d'où sort,
blanche et luisante, la masse de Santa Maria della
Salute, couronnée de sa coupole. Tout est réuni,
tous les temps, tous les styles, dans un harmonieux
désordre; ce point se fixe dans l'esprit et ne peut plus
être oublié.

L'architecture marque mieux qu'aucun autre art
les métamorphoses d'une civilisation. Voulez-vous
voir Venise naissante? Allez à Murano. La gondole glisse entre des bancs vaseux que de petites
plantes aquatiques couvrent comme d'un voile jaunâtre. Au bout de l'île, où vivaient les vieux mosaïstes, est San Donato. Sur la façade nue se voient
deux piliers romains, débris de Ravenne. La vieille
basilique du onzième siècle se termine par une abside en cul de four; Marie ouvre ses deux mains
comme un pontife, aussi fraîche, aussi grave, aussi
triste qu'il y a huit siècles. L'église, enrichie seulement de mosaïques, est sévère, comme il convenait
à de rudes pêcheurs.

Retournez à Venise et visitez les *Gesuiti*. L'architecture est devenue de la marqueterie; les marbres verts et blancs découpés couvrent toutes les colonnes, tous les murs d'une étoffe prétentieuse et indestructible. L'œil trompé croit voir des soieries, des damas. Une tenture de pierre surmonte la chaire et retombe en plis simulés. Chaque chapelle est un boudoir; les colonnes torses de l'autel grimpent sous un riche baldaquin. Un simulacre de tapis, fait de marbres précieux, recouvre les marches. Le lapis-lazuli brille parmi l'or et les vertes serpentines; les statues grimacent, s'enveloppent de plis onduleux; les chairs molles ont des rondeurs voluptueuses. Que nous sommes loin de San Donato! Voilà bien le sanctuaire d'une religion sensuelle, amoureuse de l'encens, des beaux chants, des fêtes; l'art se rapetisse, se fait mondain; sa richesse même a quelque chose de petit et de misérable. Ces étincelantes demeures sont les sépulcres de la foi; où y aurait-il place ici pour le mystère, l'inconnu, le je ne sais quoi qu'on respire, même incrédule, dans les sanctuaires élevés par des mains pieuses? Tout invite aux fêtes bruyantes, aux absolutions faciles, aux vains murmures et bourdonnements des prières, à la religion aisée.

Venise n'est plus la Venise guerrière, forte, virile; elle ne transporte plus sur ses vaisseaux les chrétiens à la croisade; elle ne lutte plus contre les Génois, contre l'Empereur, le roi de France, le Pape ; elle n'est plus capable de résister à des ligues terribles ; elle ne tient plus la Dalmatie, Vérone, Padoue, Chypre, l'Archipel, la Morée. Ce n'est plus la Venise de Lépante, c'est la Venise alanguie, amollie, riche et paresseuse, la ville du plaisir. Sa dernière religion fut l'amour ; et quel lieu plus charmant, plus enveloppé d'ombre et plus ruisselant à la fois de soleil, l'amour pourrait-il choisir ? Où Don Juan conduira-t-il sa dernière maîtresse ? où pourra-t-il mieux la cacher que dans un de ces grands palais délabrés qui descendent dans l'eau, muettes forteresses ? Des balcons élevés, ils verront passer comme de noirs oiseaux les gondoles silencieuses, ils se mêleront inaperçus au peuple flottant, ils iront errer au loin sur la lagune. L'abri sombre et étouffé de la barque vénitienne ressemble à un tombeau ; le jour même, on peut y faire la nuit ; les rideaux sont baissés, le monde a disparu. Çà et là, sous le voile noir, on aperçoit quelques fantômes, quelques légères silhouettes, des lignes minces qui marquent un lointain horizon ; le soir, la coupole étincelante et pourtant sombre du ciel, la lumière étouffée d'une lampe qui joue sur la moire de l'eau. Sentir alors, dans ce grand silence et cet abandon et ce mystère, auprès de soi, tout près, car la gondole est petite, un être aimé, qu'on puisse appeler sien, à qui l'on puisse s'attacher dans ce vague et perpétuel balan-

cement des eaux, qu'on puisse contempler d'un
œil tenace quand tout passe et fuit et se perd, c'est
une volupté que je n'ai point connue, mais que j'ai
devinée.

SIENNE.

Pour revivre dans le moyen âge, il faut aller à
Sienne; les vallées qui s'étalent entre les doigts puissants de l'Apennin sont comme autant de régions
différentes. Sienne, frappée de mort, ne change plus.
Sur sa haute colline, elle semble déjà une ruine.
Pour toute industrie, elle gratte la terre, en tire une
couleur. Sur une campagne couverte de vignes et de
mûriers, onduleuse et traversée de ravins, elle élève
ses vieilles murailles, entre lesquelles se pressent les
lourdes maisons de pierre, et serpentent les rues
dallées; les toits surplombants laissent à peine passer
le soleil. Au-dessus de ces rudes demeures s'élève
comme une châsse luisante le Dôme, plus beau, à
mon avis, que celui de Florence, de style plus simple,
plus pur; de longues bandes alternantes de marbre
blanc et noir en zèbrent toute la surface, au dedans
comme au dehors : ces assises découpent aussi la
tour du campanile.

Quelle transformation a subie ici l'art gothique!
Au sud des Alpes, les forêts de sapins du Nord, si

sombres et monotones, sont remplacées par des arbres
aux formes plus arrondies, par les pins, les oliviers
pâles, les orangers; çà et là seulement, quelques
bosquets de cyprès élèvent leurs flèches. L'architecture, de même, cherche des formes plus tranquilles,
des couleurs plus variées; elle garde encore l'ogive,
mais une ogive peu aiguë, l'associe et la subordonne
au cintre plein[1]; elle surmonte les colonnes de chapiteaux feuillus, complexes, étranges; elle couvre encore la façade de Sienne d'une profusion d'ornements,
de figures symboliques; mais que l'ensemble est
grand, fort, majestueux, calme! La forêt de flèches,
de colonnettes a disparu; les supports sont fermes :
tout respire la solidité, la confiance. Le luxe est
inouï : tout est marbre, jusqu'au pavé couvert des
belles mosaïques ou nielles de marbre[2] de Beccafumi.
Les bénitiers, la chaire, le tabernacle sont des joyaux;
mais ce n'est pas le luxe féminin des chapelles de
Jésuites : on ne songe point à la matière précieuse,
on n'est saisi que par la géométrie, les formes, la
couleur.

Nous allons à l'Institut voir les tableaux des vieux
maîtres siennois et du Sodoma. Il faut faire un certain effort pour admirer les maigres et gauches figures
des premiers maîtres : ce sont plutôt des miniatures

---

[1] Les arcades inférieures sont des cintres pleins; celles du
second étage et les fenêtres sont ogivales.

[2] Graffito.

agrandies que des peintures; c'est l'art minutieux, patient, dévot, puéril, qui du missel se porte sur les panneaux des triptyques; même fonds d'or, mêmes enluminures, mêmes sujets. Je note seulement une *Adoration* de Matteo de Sienne.

Sodoma ne peut être apprécié qu'ici : son chef-d'œuvre est le *Christ à la colonne*, fresque admirable. On y sent l'influence de Raphaël; ce n'est plus la manière molle, inhabile encore, de l'église San Domenico, où sont peints le ravissement et l'évanouissement de sainte Catherine de Sienne.

La tête est pleine de hardiesse, de douleur, de fierté; les dents brillent entre les lèvres plissées par la souffrance; la barbe frisonnante, les cheveux roux sont en désordre. Que cette figure est vivante! Rien de fade, d'amolli; le buste, légèrement tordu, a un modelé merveilleux. Toutes les lignes sont magistrales, plus fermes que dans ses autres toiles : *Adam et Ève*, le *Christ aux Limbes*, le *Christ aux Oliviers*, la *Descente de croix*, la *Sainte Famille*, les curieuses fresques de la sacristie de San Bernardino, les tableaux du palais municipal. Peintre étrange que ce Sodoma, plutôt immortalisé par son nom que par son œuvre, enveloppé de mystère, à peine connu, puisque hors d'ici l'on ne voit presque rien de lui! Il a un dessin mou et un peu flottant; peu de souci des traditions dans le costume; il enveloppe son Christ, ses Vierges, ses saints de draperies blanches, violacées; il aime le nu : dans son *Christ aux Oliviers,* il peint saint Jean sous la forme d'un jeune éphèbe aux traits amollis. Ses têtes sont de préférence langoureuses; il manque d'énergie, de virilité.

Beccafumi mérite une mention : c'est lui qui a peint avec Sodoma la sacristie de San Bernardino; il y a figuré l'histoire de la Vierge, le mariage, la mort et le triomphe. Sodoma a pris pour sa part le *Couronnement,* l'*Assomption,* la *Présentation* (l'*Annonciation* et la *Naissance* sont du Pacchiarotti). La *Mort* de Beccafumi est très-saisissante : on voit la Vierge couchée sur une civière, et portée au tombeau. La couleur est criarde et dure. Cette chapelle est un ensemble complet des plus intéressants.

Un autre monument, c'est la Libreria du Dôme, dont les murs sont couverts de dix fresques du Pinturicchio, qui racontent la vie d'Eneas Sylvius Piccolomini, qui devint Pie II. Elles sont presque aussi fraîches que le premier jour. Rien ne souille ces charmantes compositions : on voit vivre pour ainsi dire le jeune et spirituel prélat, on le suit dans ses négociations, ses voyages; on reconnaît Raphaël, qui a aidé Pinturicchio dans une partie de cette œuvre, bien que fort jeune encore. Les costumes, les couleurs sont une fête pour les yeux. Le plafond, où brille tout l'art décoratif de la Renaissance, est de

Lorenzo di Mariano. On montre à la Libreria des chorals et des antiphonaires ornés de miniatures de l'école siennoise.

Comme on devine bien la vie municipale du moyen âge quand on arrive en face du vieux palais crénelé qui élève les pans irréguliers de ses hautes murailles au-dessus de la petite place, en forme de conque, bordée de hautes maisons de pierre, entre lesquelles s'ouvrent quelques étroites ruelles! Les fleurs de lis des Visconti s'étalent sur la grande porte, dominées à leur tour par la croix de Savoie. Quelques marchands de fruits et de légumes sont groupés au fond de la place. On démolit quelques maisons, et bientôt l'on ne verra que des façades neuves où les ogives et les créneaux disparaîtront. La porte d'entrée du palais, toute rongée du temps, est bardée de fer. Des femmes, des hommes hâves descendent par le grand escalier de la salle du tribunal. Le *custode* nous fait entrer d'abord dans une petite et noire chapelle fermée par une vieille grille ouvragée en fer : les peintures sont de Taddeo Bartolo (1410) et de Simone Memmi. Sur les voûtes des arcades, de grandes figures à fresque représentent César, Pompée, Aristote. A côté sont plusieurs salles municipales très-délabrées, couvertes d'étranges peintures; les batailles de Sienne contre Pise y sont figurées; deux tableaux emblématiques représentent les effets, l'un du bon, l'autre du mauvais gouver-

nement : d'un côté, l'idylle des champs, les labours,
les promenades des belles compagnies; de l'autre,
les brûleries, les horreurs du moyen âge. Si l'on
approche des fenêtres hautes, on a une vue enchanteresse; au-dessus des angles rouges des toits
et des tuiles, des ravins déchirés de jaune et semés
de verdure naissante, le désordre des arbres, des
maisons éparses; tout au fond, les vagues bleues des
Apennins.

Un Français ne peut oublier la belle défense que
fit ici Blaise de Montluc en 1555 : il a immortalisé
dans ses Commentaires la vaillance des femmes de
Sienne. La pauvre ville ne s'est jamais relevée du
coup qu'elle reçut à ce moment. La famine, la peste,
les troupes de Philippe II, les proscriptions, enfin
la tyrannie de Cosme Ier, firent tomber la population de quarante mille à six mille. L'art mourut avec
la liberté.

FLORENCE.

A peine arrivé, je cours aux *Uffizii*. On ne peut
décrire un musée. Il faut s'arrêter à quelques œuvres,
ou plutôt ne parler que de ce qui étonne. Avant de
la voir, je croyais connaître la Vénus de Médicis; je
ne la connaissais pas. Ce qui étonne en cette créa-
ture, la fleur humaine la plus ravissante qui se
puisse rêver, c'est son air moderne; ses épaules ne

sont pas comme dans beaucoup de statues antiques
carrées, mais tombantes et liées aux bras, au dos par
une courbure insensible. Son visage, petit, a un
ovale parfait; ce n'est pas Vénus triomphante, elle
semble demander grâce pour tant de beauté : elle
n'est pas suppliante pourtant, car elle est craintive
sans être alarmée. Les cuisses sont bien arrondies, les genoux d'une finesse exquise, les mollets
petits (le mollet gros est d'une danseuse, d'une bourgeoise); la ligne du dos est aussi douce que la frange
d'un flot mourant sur un sable fin. Le cou-de-
pied n'est pas trop élevé (jamais les Grecques n'ont
le cou-de-pied haut, à la chinoise). Les seins ne sont
pas encore écartés par l'âge, la fatigue, le plaisir; ils
se touchent comme deux fruits à peine mûrs, petits,
droits, d'une pureté virginale. On marche, on tourne
autour de la chaste déesse de l'amour, et les lumières
changeantes, en glissant sur le marbre finement poli,
lui donnent comme une sorte de vie. On sent le doux
charme de la grâce, la puissance victorieuse de la
pure beauté. Que veut-elle? Va-t-elle parler? Contre
quels regards défend-elle ce corps sans tache? N'y
a-t-il pas une pensée dans cette tête dont les courbures sont d'une idéale perfection? Ce regard est-il
vraiment vide? Quel calme! quelle placidité! La
seule expression vague qu'on puisse découvrir sur
ces traits immobiles est une sorte de pudeur, non
point la pudeur sévère de la chasteté, mais celle qui

retarde un instant le plaisir et qui retire un moment ce qu'elle va donner.

Heureuse jeunesse! triomphe de la vie! bonheur sans trouble et sans remords! Quel contraste avec la chapelle des Médicis! Le soir est presque venu, la porte s'ouvre lentement devant nous : rien ici que les grandes figures de Michel-Ange. Les deux tombeaux se détachent en face l'un de l'autre : j'ai à peine un regard pour la *Marie* informe, inachevée, sur *Jésus* qui se retourne sur ses genoux d'un mouvement puissant. Je suis tout aux Médicis; mais que m'importe leur nom! on oublie l'histoire devant ces grands personnages qui ne sont d'aucun temps et qui sont de tous les temps. Que représentent-ils? la pensée, le commandement. Quelle intensité de réflexion, de rêverie, de calcul dans cette tête que noircit l'ombre d'un casque fantastique; quelle âme sombre et ténébreuse est logée en ce corps puissant, au repos; quelle attitude grandiose, effrayante en son calme et sa simplicité! Le tyran qui commande n'est pas aussi sublime. L'action le cède à la pensée. La tête est petite pour le corps, ironie ou ressemblance. Au-dessous, couchés symétriquement sur la courbure des catafalques, sont la Nuit, le Jour, l'Aurore, le Crépuscule. Libre de toute tradition, Michel-Ange traduit simplement ses rêves; ses deux femmes, la Nuit surtout, ne sont point des courtisanes sensuelles, coquettes, faites pour plaire. Elles épouvantent : ces grands corps, ces seins bulbeux, les plis de ces chairs sans mollesse, ces regards assombris, le croisement dédaigneux de ces jambes pendantes, ces têtes douloureuses, cet oiseau sinistre blotti sous les pieds de la Nuit, son masque allégorique, qui ouvre une bouche ricanante, symbole des mensonges, des illusions du rêve, parlent à l'esprit de tout autre chose que de volupté. Et que ces deux hommes sont bien leurs dignes compagnons, demi-dieux à la tête encore fruste, à peine dégagée du marbre, à l'œil vague, forces terribles au repos, qui font penser aux âges fabuleux, aux premières luttes de l'humanité contre la nature. Était-il païen, était-il chrétien, celui qui tira de la pierre ces formes sublimes? Par l'expression, elles n'ont rien de païen; on y sent un trouble, une terreur, un je ne sais quoi de tendu, d'excessif, d'intense que n'a point connu l'art antique. L'œuvre est encore moins chrétienne : nulle humilité; l'orgueilleux triomphe de l'homme domine les vagues déités de la nature. J'y trouve, en somme, une idée panthéiste; aucun symbole ne parle de vie éternelle, de résurrection; on n'a devant soi que les forces humaines et les puissances mystérieuses, inflexibles, sourdes de la nature : ces dieux nouveaux que l'antiquité n'a pas connus semblent par moments glisser dans la nuit et le néant, et par moments en sortir, s'animer, s'apprêter à remuer. Si dur que soit ce marbre, il a quelque chose d'idéal, de non réel; il fait penser à l'éternité, au néant, à la décadence de toutes les choses visibles, à la fin nécessaire de toutes les joies, de nos amours, de nos vies inquiètes, de nos pensées tendues en vain vers l'infini, le grand, le sublime.

La sculpture de Michel-Ange est toujours douloureuse; il ne se plaît qu'au grandiose, il sort des liens de la tradition, de la foi, de la légende et de l'histoire. Veut-il peindre la Victoire? il ne copie point la Victoire antique, et montre (Musée national de Florence) un soldat qui écrase son ennemi et se redresse d'un mouvement superbe. Dans ses tableaux, le modelé, la saillie, la forme sont tout; ils ne semblent que des études pour des statues : la *Sainte Famille* de la Tribune sort de toute convention; la Vierge accroupie lève ses bras vers Jésus qui s'appuie sur son épaule; au fond, on ne sait pourquoi, des groupes nus de baigneurs. J'aime peu le *David* placé devant le Palais-Vieux; énorme, lourd et massif, portier digne du lourd château crénelé de la Florence du moyen âge[1]. Quelquefois pourtant il atteint la grâce : voyez plutôt au Musée national

____

[1] Voyez ses *Trois Parques* aux Uffizii. La couleur n'est rien dans ce tableau. Les trois vieilles ont des vêtements jaunâtres, vert-clair; les draperies tombent avec des plis sculpturaux. Sont-elles assez farouches? Celle qui tient le ciseau semble dire : Est-il temps? L'antiquité n'avait jamais osé donner à la Fatalité un tel caractère, cette dureté sénile, cette méchanceté tout humaine.

l'*Adonis mourant,* si fin, à figure de femme. Que de formes le beau peut trouver! Le chef-d'œuvre de cette place admirable de Florence, si vivante en son désordre, c'est le *Persée* de Benvenuto Cellini : bronze frémissant où l'on sent l'ardeur du combat, l'ivresse du sang, je ne sais quelle rage exubérante. Le bas-relief, si petit, est une merveille : qu'Andromède au long corps nu est touchante! quelles figures effrayantes! quel emportement dans l'invention! Les reflets et les éclairs du bronze en font bien valoir l'étrange fantaisie. Partout où l'on aille, l'œil retourne à ce bras tendu qui tient la tête saignante, à ce glaive à l'arc hardi, au sauvage guerrier dont le riche cimier se relève avec tant d'insolence. Et pourtant, que de choses ou grandes ou charmantes! La statue de Cosme Ier, la fontaine d'Ammanati où s'étale dans une libre nudité tout un peuple de dieux marins et de déesses de bronze, aux corps effilés, élégants, qui rappellent la Diane de Poitiers, le type de beaucé maigre et aristocratique de la Renaissance; les groupes classiques de Jean de Bologne, l'*Enlèvement de la Sabine, Hercule et Nessus;* le soldat qui soutient Ajax mourant, *Judith et Holopherne,* ce curieux bronze de Donatello.

Après Michel-Ange, le sculpteur toscan qui étonne le plus, qui reste le plus personnel, est Donatello (1383-1466). Même|dédain de la tradition, même inspiration spontanée, libre. Son génie n'a pas la tension terrible de Michel-Ange, il a plutôt quelque chose de frais, de juvénile : ce n'est pas un soleil couchant qui se couche au-dessus de la mer, parmi les nuages accroupis comme des monstres immenses au-dessus de l'abîme; c'est une aube, la première heure d'une journée de printemps, quand le vent frais voltige parmi les pousses légères et dissipe les flottantes vapeurs. Il y a toujours quelque chose de grêle dans les personnages que fait vivre Donatello : *Saint Georges* (église San Michele), si noble, si simplement et hardiment posé comme les jeunes guerriers de Pérugin, les jambes droites et également écartées, la main appuyée sur son bouclier, n'est pas un colosse, un matamore; sa tête si petite, qui surmonte un long col, est celle d'un jeune adolescent; dans les sourcils inquiets, le front plissé, se lisent les pensées d'une jeunesse toujours occupée de conspirations, de dangers, de querelles.

David n'a rien de biblique : c'est un jeune pâtre des montagnes de l'Apennin. Une couronne de fleurs serpente en festons autour de son petit chapeau de paille; les toiles grossières retenues autour des jambes, des genoux aux pieds, par des cordes, sont devenues seulement des bottes ou jambières, couvertes de fines ciselures; le pied se tient sur le casque ailé de Goliath : nulle colère, nul émoi sur la figure de David; il tient tranquillement la longue lame qui a servi à trancher la tête du géant. Il a l'air bon, rêveur, un peu sauvage. Quelle étrange composition que le faune enfant qui marche sur des serpents ! Peut-on mieux symboliser la joueuse insouciance du jeune âge? Il ignore la pudeur, le ridicule ; son petit pantalon, le seul vêtement qu'il porte, est rattaché des deux côtés du corps par une ceinture, mais ne couvre que les hanches ; le ventre est nu. Les ailes ne sont pas simplement greffées sur le dos comme celles des anges, elles tiennent à une large empennure qui couvre l'épaule.

Dans la chambre où sont ces chefs-d'œuvre se voient encore le beau bas-relief en bronze de Vincenzo Danti, représentant le Serpent et la foule flottante, consternée, onduleuse des Hébreux ; le célèbre *Mercure*, de Jean de Bologne ; le *Sacrifice d'Abraham*, de Ghiberti ; le buste de *Cosme Ier*, de Benvenuto Cellini, tête effrayante, œil terrible, front traversé de longs plissements, nez dur, bouche avancée, d'une bestiale impatience, caractère sensuel, tyrannique, inquiet.

13 *mars.* — Visite à la chapelle Brancacci des Carmine. Ce lieu est un des pèlerinages de la peinture : la chapelle est couverte de fresques de Masaccio (1402-1443), de son continuateur Fra Lippi (1412-1469), et du fils de ce dernier, Filippino Lippi (mort en 1503). Les érudits se disputent beaucoup sur ces compositions, dont pendant longtemps Masaccio a

eu toute la gloire. Raphaël s'en est inspiré, et c'est peut-être ce souvenir qui leur donne encore du renom. On y voit déjà une liberté dans les attitudes, un naturel, une aisance qu'on ne trouve pas chez les premiers Siennois. Les figures ne sont plus figées : les portraits sont nombreux ; on devine partout l'étude du modèle vivant. Je suis très-frappé d'un garde endormi dans le tableau de *Saint Paul visitant saint Pierre en prison*. Il y a dans le *Christ*, les *Apôtres*, une certaine grandeur de style. Ces fresques célèbres m'ont toutefois désappointé ; est-ce leur mauvaise conservation ? leur éclairement ? Elles ne charment pas. Elles n'ont plus la naïveté, la pureté, la candeur de Giotto (1276-1336) ; elles n'ont pas encore la grande allure, la hardiesse, le mouvement des grandes écoles postérieures. On ne comprend pas pourquoi la peinture fait un tel pas de Masaccio à Raphaël, et de Giotto à Masaccio est restée presque stationnaire. Il y a entre ces deux derniers un siècle de nuit, une éclipse de l'art. C'est l'âge des luttes féroces entre les Blancs et les Noirs, où Dante était proscrit, où le pape Boniface VIII appelait les Français à Florence, où les factions déchiraient la ville, où la peste enlevait la moitié des habitants. A Santa Maria Novella, dans la chapelle dite des Espagnols, on peut voir quelle hauteur l'art avait déjà atteinte au début de cette ère néfaste. Quelle œuvre admirable que les fresques de Taddeo

Gaddi (né en 1300) et de Simone Memmi! Tout un âge y revit : costumes bizarres, anguleux; têtes empreintes d'angoisse, fines barbes à double pointe, Vierges blondes agenouillées dans de longs vêtements blancs; Laure, Pétrarque, Gatti, à la tête juive et triste; Giotto, Boccaccio, la Fiammetta, l'Église militante, les chiens des Dominicains (*Domini canes*) chassant les loups de l'hérésie et gardant les tendres agneaux, Cimabué encapuchonné et vêtu de blanc, saint Thomas d'Aquin triomphant d'Arius et d'Averrhoès, Justinien représentant le droit romain, Clément V le droit ecclésiastique, saint Augustin, Pythagore, Euclide, Ptolémée, tout ce mélange des noms chers au moyen âge et de ces noms antiques que la science, la théologie, le droit renaissants avaient adoptés. Je ne sais rien de plus saisissant que cette œuvre qui a dépouillé la rigidité byzantine, mais où l'art a encore l'accent douloureux, les formes élancées, les naïves illusions du moyen âge.

Je retourne aux *Offices* me repaître de la vue des deux *Madones*, celle de la Chaise et celle du Grand-Duc; la première, plus femme, rose, sentant dans ses veines le flot de la vie et dans son sein le doux lait de la maternité. Comme elle tient bien son enfant de ses bras mollement pressés! comme son giron s'entr'ouvre largement pour lui faire place! Son regard pourtant, qui tombe de côté, va ailleurs; où va-t-il? Est-elle tout à fait oublieuse de sa beauté, de sa jeunesse? Pourquoi s'est-elle ainsi parée? La *Madone* du Grand-Duc est, je ne dirai pas plus chaste, plus pudique : c'est moins une femme qu'un ange. Ses vêtements ne sont pas, comme ceux de la première, rouges, bleus, de couleurs gaies; elle s'enveloppe de vert pâle, bleuâtre; elle appuie l'enfant tout nu sur sa main. Jésus est mignon, tendre; il n'a pas l'œil flamboyant du Jésus du premier tableau, qui rappelle tout à fait celui du tableau de Dresde. Que de courbes, de polygones ne peut-on dessiner qui approchent d'un cercle, qui s'y inscrivent, le touchent en un grand nombre de points; mais il n'y a qu'un cercle. Il en est de même de la perfection : elle donne à l'esprit des plaisirs sans pareils. On ne sait que dire de Raphaël : il est parfait; ces beaux yeux qui luisent d'un éclat si doux dans ses portraits guidaient une main qui ne connaissait ni l'hésitation ni le tremblement. Cette âme heureuse, en équilibre, ne s'épuisa jamais. Ce beau génie n'eut aucune faiblesse. Il ne s'asservit à aucun système, car un système est un effort; il semble que son génie créateur obéit à quelque dieu intérieur, inconnu, à une âme supérieure.

On ne peut connaître Fra Bartolomeo (1469-1517) si on n'a vu ses majestueuses toiles des Offices et du palais Pitti. Sa couleur est fort belle, simple, pure, vive; ses personnages ont de l'ampleur; le dessin est d'une fermeté admirable. Quel beau sentiment dans le *Christ au tombeau!* Avec quelle tendresse Marie saisit, embrasse sur son cœur les pieds du Sauveur! Le *Saint Marc,* plus grand que nature, est d'une majesté terrible. Ses Madones sur le trône s'entourent de saints, de femmes, de guerriers. Le Christ et les Évangélistes ont presque la pureté de Raphaël. Celui-ci prit beaucoup au Frate : il apprit de lui à dessiner les corps nus avant de les draper; il lui emprunta l'art de la draperie : regardez le *Sposalizio,* vous reconnaîtrez Pérugin; regardez les Saintes Familles, Fra Bartolomeo; le génie est souple, il est comme une plante qui vient dans toutes les terres et trouve partout sa séve. Rien n'est plus *intéressant* que ces communions de l'art, ces échanges souvent fortuits d'idées, d'images, de formes, qui métamorphosent une école. Ceux qui veulent tout expliquer par le sol, la race, les mœurs du lieu, du temps, oublient trop ces hasards.

Il est difficile de considérer Florence autrement que comme un musée; elle est pourtant une capitale, la capitale de la nouvelle Italie. On va voir le Palais-Vieux, la Loge des Lanzi, avant de s'enquérir où se réunit le parlement italien. Quand on erre autour du Baptistère, quand le soleil joue sur les plaques rouges, jaunes et noires du Campanile de Giotto, on ne vit plus dans le présent. On admire comment le gothique hérissé des Allemands s'est ici coloré, calmé; comment il a rejeté les enveloppes gauches des contre-forts, des arcs-boutants : on ne s'occupe guère des métamorphoses de l'Italie politique. Au palais Pitti, on songe plus à la Madone qu'à ce souverain batailleur qui s'y est établi, et qui ronge son frein en attendant qu'il puisse aller à Rome, empereur, non plus roi d'Italie. Mais l'admiration se lasse ; le cerveau se refuse à recevoir toujours des impressions profondes que l'admiration cherche péniblement à fixer pour plus d'un jour. Je sors, je redescends l'Arno, grossi par les pluies ; j'admire les arches elliptiques d'un de ses ponts, j'arrive aux Cassine. Là se promènent à pied, à cheval, les Florentins modernes, entre le fleuve et un jardin tout rempli de caroubiers, de pins, de cyprès. Les horizons sont charmants ; les crêtes bleues des montagnes, des collines qui servent de piédestal à des églises, à des couvents. Je vois passer le roi dans une voiture ordinaire, sans piqueurs ni coureurs : à peine le salue-t-on. Je le revis un moment au spectacle, dans une avant-scène basse ; il paraît tous les soirs à l'heure du ballet. De mœurs rudes, d'une brutalité quelquefois un peu calculée, cachant sous des airs de soudard une finesse native et l'ambition héréditaire de sa maison, militaire et n'aimant que les armes, ce roi-soldat a eu la singulière bonne fortune de donner l'unité à l'Italie et d'être le représentant vivant de ses libertés. Piémontais jusqu'à la fibre, encore entouré de ses familiers de Turin, il règne sur les Toscans, les Napolitains, les Siciliens. Il se soucie des constitutions, des parlements, comme le roi de Prusse, dont la destinée à beaucoup d'endroits ressemble à la sienne, et pourtant sa monarchie n'est devenue suprême en Italie que parce qu'elle était constitutionnelle. Il pense encore à la guerre. L'Italie, chargée d'impôts, humiliée des défaites qui lui ont donné la Vénétie, voudrait faire oublier Custozza, Lissa; toujours politique, elle cherche des alliés, s'offre à tous, sans avoir de préférence, aujourd'hui à la France et à son ancienne ennemie, l'Autriche. Elle espérait que Rome serait le prix du secours qu'elle leur donnerait contre la Prusse. Ces préoccupations, qui ont percé dans la conversation............, se sont fait jour aussi dans celle de M. M..... Celui-ci nous fit en français, sans nul embarras, une sorte d'exposé financier du pays. La révolution italienne, avec les guerres en Lombardie, en Vénétie, l'expédition contre Naples, l'expédition contre la Moricière, l'augmentation de l'armée, de la flotte, le bouleversement de toutes les administrations, les nouveaux travaux publics, etc., se solde par une dette d'environ trois milliards, qui impose une charge annuelle de deux cent cinquante millions. En comparant le budget de l'Italie unie aux anciens budgets fractionnaires, il assure que les services publics sont aujourd'hui satisfaits plus économiquement que par le passé; on a augmenté les recettes d'environ cent cinquante millions. On s'est imposé la dure obligation de pensionner tous les fonctionnaires renvoyés, tous les moines chassés des couvents. La situation est loin d'être désespérée ; mais il faut que l'Italie soit sage, prudente, pacifique. Les difficultés intérieures sont grandes : on a centralisé l'armée, les finances, la législation ; mais on voudrait un peu de décentralisation dans l'administration. Malheureusement ce qui est bon pour le Nord, très-éclairé, intelligent, ne l'est plus pour le Sud, où il n'y a point de mœurs publiques. Il faut toujours prendre une moyenne, mécontenter ainsi tout le monde. En Lombardie, les députations provinciales, espèces de conseils généraux permanents, demandent de nouvelles attributions. Dans le royaume de Naples, on ne trouve personne pour ces conseils. L'unité est encore factice, et il faudra du temps pour opérer la fusion ; mais elle se fera.

Je fis visite à la comtesse A..... Son mari, député au parlement, se plaint aussi que les institutions soient plus libérales que le pays ; que les partis ne soient pas assez fortement organisés, qu'ils soient trop personnels, à l'espagnole. Je vis chez lui M. Berti, vice-président de la Chambre, et M. le marquis A....., son père, un beau vieillard. A l'hôtel de l'*Univers*, où nous demeurâmes, visite à la comtesse S..... ; le comte est le frère du duc de B....., de Naples : tous deux sont Espagnols. Le ton de cette aristocratie est assez sévère en parlant du roi. Il me semble trouver là quelque chose de pareil aux sentiments de l'aristocratie anglaise. Quand on parle d'aristocratie en Italie, il faut pourtant bien s'entendre; il y a dans les mœurs une extrême égalité. Dans les listes de scrutin du parlement, je ne vois jamais aucun titre. La hiérarchie des ducs, des marquis, des comtes, etc., est inconnue. Deux forces ont constamment lutté contre le sentiment aristocratique : la papauté, qui ignore le sang, la naissance, et ravale toute grandeur civile; la monarchie absolue, policière, qui donne tout aux favoris, aux valets. La lutte contre l'Autriche, les conspirations ont tendu encore à rapprocher toutes les classes.

PÉROUSE.

Nous arrivons à la gare de Pérouse à une heure du matin. Une voiture nous porte à demi endormis, par une longue côte, jusqu'à la ville. Nous passons sous les hautes murailles et nous nous arrêtons à l'hôtel d'Angleterre, un ancien palais. Ma chambre à coucher est immense; le plafond est couvert de peintures; les murs sont encore tendus de soie rouge; d'immenses fauteuils aux bois sculptés et dorés sont rangés le long du mur. Tout cela a l'air lugubre, inhabité, l'odeur de la vétusté.

Je me réveille au son des cloches matinales : je vois quelques drapeaux aux fenêtres; c'est l'anniversaire du jour de naissance du roi *galantuomo*. Des groupes remplissent la rue, hommes drapés dans des manteaux de drap, les femmes dans les châles posés sur leur tête. J'entre un moment à l'église principale : j'admire les beaux groupes de femmes et d'enfants agenouillés sur le parvis; un vil badigeon couvre tous les murs et leur enlève tout caractère. Des autels baroques, où éclate un luxe faux, couvrent tout. Devant le Dôme est une jolie fontaine et une belle statue de bronze de Vincenzio Danti.

La perle de Pérouse est le Cambio, une petite salle où des marchands avaient leur Bourse, mais que le pinceau du Pérugin a immortalisée. C'est un des berceaux, un des lieux saints de l'art italien. Le maître de Raphaël y a peint six fresques très-bien conservées encore. La Prudence est figurée par Fabius Maximus, Socrate, Numa Pompilius, Caton le Censeur; la Justice, par Camille, Pythagore, Trajan; le Courage, par Mutius Scævola, Scipion, Léonidas, Horatius Coclès; la Tempérance, par Publius Scipion, Périclès, Q. Cincinnatus. Deux fresques sont consacrées aux Sibylles et aux Prophètes. Deux autres, enfin, à la Nativité et à la Transfiguration. La liberté de la Renaissance éclate dans ces premiers mariages des sages et des saints, des héros et des figures divines; il semble que l'âme de l'humanité se retourne et jette un œil d'envie sur le passé. Nulle érudition encore, une ignorance complète des costumes, des types antiques; ces chefs couronnés, ces guerriers élégants n'ont aucune vérité historique. Ils ont les vêtements, les attitudes, les visages du siècle de Pérugin; ces chefs au cimier léger, aux minces boucliers, aux jambes fines, aux cheveux frisés, au regard doux et énigmatique, ne sont pas faits pour la lutte et le combat; ils ressemblent encore aux anges armés que l'imagination chrétienne figure autour du trône du Très-Haut. Ces prophètes à la longue barbe fendue, rêveurs, sans colère, si calmes, si placides, sont des moines que Pérugin a vus se promener sur les terrasses d'un couvent. Il est épris d'un certain type de visage adolescent, presque féminin : il le donne au saint Jean de sa *Transfiguration,* à ses jeunes héros; il habille en femmes Scipion et Cincinnatus, pour mieux exprimer leur tempérance. On voit dans le Cambio un portrait du Pérugin par lui-même : il était laid; un petit nez, la lèvre supérieure longue et grosse, les arcades sourcilières relevées en bosse énorme; la figure ronde, courte, commune. Ces traits vulgaires, on les retrouve idéalisés et poussés presque à la beauté dans toutes ses œuvres. Toutes ses femmes, ses Vierges ont les yeux un peu éloignés, le nez assez court avec des narines ouvertes et mobiles, la tempe très-découverte, la bouche un peu éloignée du nez, le menton rond, les tempes éloignées; mais dans l'œil il met une extrême tendresse, il allonge la paupière, la penche comme un voile sur le regard; il met aux plis de la bouche un sourire fin, tendre, rêveur. Ce visage, qui se retrouve dans toutes ses Madones (Pinacothèque de Pérouse, Louvre, Musée de Florence, etc.), a un charme dont on ne sait comment se rendre compte. La beauté trop parfaite ne semble plus vraie; quelques défauts la font en quelque sorte plus réelle, plus humaine, plus touchante. La plus belle Madone de la Pinacothèque est celle de l'*Adoration des bergers,* peinte à fresque; elle n'a pas la sécheresse qu'ont celles qui sont peintes à l'huile; le contour est moins net, moins précis; la main a été plus vite. Les poses sont toujours charmantes, d'une grâce, d'une innocence exquises. Personne n'a mieux su joindre deux mains dans la prière, faire flotter des anges, agenouiller des pâtres, poser de jeunes archers, donner à l'adolescence une attitude légère, marquer le ressort d'un corps soutenu sur un seul pied et semblant à peine toucher terre. Il y a dans toutes ses compositions quelque chose d'aérien, en même temps qu'une certaine mignardise idéale, d'autant plus étonnante, que rien n'est vague, onduleux, fondu, que tous les contours sont d'une netteté géométrique, que les ombres sont marquées par des hachures nettes et visibles. C'est ainsi que, dans le paysage de l'Ombrie, l'œil saisit avec une netteté extraordinaire une foule de détails : les arbres, les branches emmêlées comme les fils d'une guipure, les angles des maisons semées dans la verdure, les fleurs, les rochers brodés de buissons, les lignes des cultures pareilles à des hachures qui vont en tous sens, les profils nets et ciselés des montagnes ; mais une lumière transparente enveloppe toutes choses et donne au tableau je ne sais quoi de non réel. Si près d'Assise, l'expression religieuse s'est transformée : on ne sent pas chez Pérugin l'élan, la ferveur religieuse de Giotto ; celui-ci prêche le pinceau à la main. Pérugin ne songe qu'à charmer. L'art est sa vraie religion ; il reste toutefois pur, chaste, idéal : il prend à la religion des thèmes humains, éternels ; il méprise les grossiers miracles, préfère la Sainte Famille ; il ne peint jamais les tortures, les supplices des martyrs. Il était, dit-on, athée. Génie étrange, en son genre unique, avec quelque chose à la fois de délicat et de ferme, de précis et de rêveur, de la naïveté sans ingénuité, une sorte de pureté douloureuse et de grâce un peu ironique.

ASSISE.

Nous quittons la vieille ville étrusque en donnant un dernier regard à sa ceinture de murailles sans ciment, qui depuis tant de siècles sont restées debout. Ce vieux bastion carré, dans l'enfoncement duquel s'ouvre la porte de la ville, a vu passer Porsenna. Nous descendons, près du chemin de fer, dans la tombe des Volumni; la voiture se traîne au pied de côteaux roux semés d'oliviers; au-dessus des vagues bleues des vallées courent les blancs sommets; de Pérouse on aperçoit déjà Assise posée contre sa montagne, en ce moment couverte de neige. On approche, et l'on aperçoit l'angle du cloître qui avance comme un cap, les longues arcades d'où les moines dominaient la grande plaine. Au-dessus est l'église, immortalisée par le souvenir de saint François et de Giotto. Par des rues pierreuses, suivis de mendiants à mine sauvage, noirs, en haillons, entre des maisons de pierre qui semblent abandonnées, et où se montre seulement çà et là à une fenêtre quelque vieille sibylle oubliée par le temps, nous montons au couvent. La ville est morte et semble frappée de malédiction. Les maisons qui servaient de refuge aux pèlerins sont désertes. Il n'y avait ici que des mendiants vivant des aumônes des moines, autres mendiants; les moines sont partis, le cloître est désert. Personne dans les longs corridors, dans les cellules vides, dans le long promenoir. Que ce lieu était bien choisi pour ceux qui voulaient se séparer des hommes! Il semble déjà qu'on soit dans le ciel. Dans le lointain, Spoleto n'est qu'une tache blanche sur le fond de verdure. La grande vallée où court le pâle tapis des oliviers, les collines onduleuses, les cimes découpées sur l'azur composent un tableau d'une douceur sans pareille : sous la lumière intense du midi, il semble que la nature se transforme, les montagnes ramollies paraissent dormir comme des nuages à l'horizon ; l'âme embrasse ces tableaux immobiles et les peuple de ses rêves. Devant le paysage froid du nord, traversé de constantes nuées, frémissant sous les vents, l'homme est sans cesse rappelé à lui-même ; chaque arbre qui remue, qui se tord, qui se plaint, lui dit qu'il faut agir. Ici tout invite au repos ; le temps n'est marqué que par les lentes variations des ombres, de la couleur ; le ciel dort, la terre rêve. Que les couvents d'Italie sont bien posés ! quels sites que ceux d'Assise, de San Martino à Naples, de Monreale à Palerme, entre ciel et terre, au-dessus des hommes, en face des tableaux les plus enchanteurs !

La foi humaine est comme une plante qui naît, qui vit quelque temps et qui meurt. La rose, si charmante, si parfumée, se change en un vil fumier. La plante n'est jamais si touchante que jeune, quand elle entr'ouvre timidement ses feuilles et se colore de tons encore tendres ; elle ressemble alors à une aurore, à une espérance. Il faut visiter la chapelle souterraine et l'église de Giotto pour comprendre la naissance de l'art chrétien. Oublions la triste décadence de la foi, les moines vils, tant d'images sordides, honteuses, abjectes ; essayons de nous transporter en âme, en foi, en pensée dans le sombre monde du moyen âge; figurons-nous, parmi ces triomphes de la force brutale, les guerres continuelles, les misères des vaincus, l'insolence des vainqueurs, quelques âmes cherchant leur refuge dans la vie intérieure, dans l'idée consolatrice d'un Dieu d'amour, de paix, de pardon, de charité. En face de ces chefs de bandes, de ces aventuriers féroces, de ces pillards sans merci, il faut prêcher l'abnégation, le mépris des biens du monde; prendre le parti des petits, des pauvres, des faibles, des opprimés; épouser la faiblesse pour ne pas épouser la force, la pauvreté pour ne pas épouser le vol, la chasteté pour se garder de la violence de passions sans honte et sans retenue. Il y eut un moment où ce mariage fut sincère, sublime : François d'Assise représenta le pauvre peuple, créa l'ordre populaire. Giotto nous le montre passant un jour devant le temple de Minerve, qu'on voit encore debout sur la petite place d'Assise; il était jeune, fils d'un riche bourgeois, peut-être ami du plaisir; un fou lui jette un manteau sous les pieds, l'arrête devant le temple de la Sagesse. Ce fut la première révélation; d'autres vinrent ensuite. On le voit bientôt ôtant son habit pour le donner à un pauvre; le père semble protester, il n'aime pas que son fils se dépouille. Bientôt nous entrons dans la pleine légende. Giotto ne recule devant rien; les visions, les miracles n'effrayent pas son pinceau; il donne des ailes aux hommes, aux églises. La plus touchante de ces fresques, aujourd'hui honteusement dégradées, représente saint François prêchant aux oiseaux : si les hommes n'écoutent pas sa voix, les bêtes l'entendront ! Sa foi est comme un soleil qui luit sur tous, sa bonté comme une rosée qui tombe partout. L'humilité peut-elle aller plus bas? Nous arrivons enfin aux stigmates, aux marques du crucifiement. C'est ici qu'éclatent les périls du mysticisme : cet homme, qui s'abîmait devant son Dieu, deviendra un dieu lui-même; la légende s'en emparera, l'orgueil d'une caste monacale le placera à côté même du Christ, au même rang que lui. Les plaies de celui qui, son œuvre finie, meurt lentement devant la croix, deviendront les signes nouveaux et horribles de la sainteté.

Mais Giotto ne tombe pas dans cette sorte d'hystérie religieuse; son œuvre garde je ne sais quelle grâce et quelle décence. Son génie éclate surtout dans les quatre fresques de la chapelle souterraine : les trois vœux de chasteté, d'obéissance et d'humilité, et la glorification de François! Sous ces voûtes basses, sombres, où pénètre à peine la lumière, au-dessus du tombeau du saint, dans le demi-jour mystérieux de l'église souterraine, elles brillent doucement comme des visions célestes. La chasteté est figurée sous des formes variées par une femme enfermée dans une tour, par un bain, par un anachorète qui chasse avec une fourche les diables et une femme qui le tentent; dans un coin de gauche, se découpe la mélancolique figure de Dante. Dans le vœu de pauvreté, on voit saint François qui se dépouille de son manteau, des avares qui apportent leurs trésors; ils ne sont pas figurés par des vieillards hideux, ce sont des hommes jeunes et beaux : l'avarice est aussi souvent jeune que vieille. Dans l'apothéose du saint, il a une robe de diacre.

Le fond est noir; la plupart des figures sont vêtues de blanches draperies; il en résulte un effet grave, doux, mystérieux, bien différent de celui des mosaïques byzantines ou des vieux maîtres qui peignaient sur des fonds d'or. L'impression est tout autre : ce n'est plus la légende immuable, fixe, dogmatique, le sévère dénombrement de figures austères et terribles; la passion humaine se fait jour ici, elle pénètre le monde divin, elle s'humilie, elle se fait humble, mais on l'aperçoit. L'art sort des formules traditionnelles, il s'ouvre des espaces nouveaux, indéfinis; il y emporte une foi ardente, la naïveté des jeunes années; mais on le voit déjà mobile, curieux, libre.....

Je n'ai eu qu'un regard sur les États romains, l'impression rapide, unique que l'œil fatigué reçoit en chemin de fer : des plaines nues, rousses, livrées à la vaine pâture; de petites bandes de grès longues, rocheuses, horizontales; enfin, la campagne romaine si unie, si douce, une sorte de steppe. Arrêt d'un moment à la gare de Rome. On repart; il pleut, il vente; les grands aqueducs, les tombeaux ne sont que des taches noires sur un fond obscur; les lignes si harmonieuses des montagnes sont noyées, indécises. Cette ville, bâtie sur une colline couverte d'oliviers et de vignes, est Velletri; à droite, un terrain noir et ferrugineux qui confine aux Marais Pontins : je donne un coup d'œil à Anagni, Aquino; la nuit arrive, nous sommes à Naples.

NAPLES.

Il y a deux mondes à Naples : le moderne, la capitale vivante, remuante, bruyante, et le Musée; des bustes, des torses brisés, des bronzes! On n'imagine pas un plus grand contraste : il est tout entier en faveur du génie et de la culture antiques. Quelle noblesse et quelle grandeur dans ces personnages rangés dans les longs corridors et les chambres nues du Musée! Quelle dignité dans l'*Orateur* (Aristide), qui serre d'un bras les plis de son manteau, le visage ému, anxieux, mais serein et grave! Quelle grâce pudique, quelle exquise finesse dans cette étrange *Psyché,* dont une main cruelle a mutilé la tête sans toucher heureusement le visage! Quelle étrange langueur en son buste inachevé! La passion n'enfle pas ses seins si petits, à peine marqués. Elle baisse la tête : elle attend quelque chose; est-ce la vie? est-ce l'Amour? Errons au hasard dans ces salles admirables. Voici la Vénus Callipyge : l'attache du sein relevé par le bras est une merveille; on ne peut se défendre d'un sentiment de pudeur en face de cette statue, tant elle semble vivante, je dirais presque moderne. Ce n'est pas une déesse, c'est une femme. La *Flore* ne m'a pas fait l'impression que j'en attendais : la draperie est fine, arrangée en beaux plis légers, transparents; la figure est niaise, avec une expression presque douloureuse. Quelles statues équestres que celles des Balbi! comme elles sont bien en équilibre! Les chevaux ne sont pas des coursiers lourds, fantastiques, ridicules; ils marchent simplement, fièrement, portant leurs fiers Romains. Je fouille çà et là dans mes souvenirs : je revois *Agrippine* assise, pleurant Germanicus, figure usée, impérieuse, point belle, mais de haute mine, coiffée de bandeaux élevés, onduleux, comme en portent les dames aujourd'hui, les deux bras tombant naturellement et les mains jointes, non comme les joint la prière, mais la tristesse, la rêverie sombre qui s'égare et se perd au lointain. Je revois tout auprès un petit bronze, un *Narcisse* debout, d'une élégance aristocratique, membres fins, juvéniles et un peu grêles; le charme de ce corps résiste aux morsures du temps; le bronze verdi fait oublier la chair et ne laisse penser qu'à la beauté. Des Satyres musculeux, grimaçants, aux membres noués, dont l'un soutient une sorte de cercle de bronze d'un effort surprenant ; un autre est assis à cheval sur une outre pareille à celles qu'on voit encore en Italie : on voit percer de côté et d'autre l'obscénité antique, même sans entrer dans la petite chambre des *obscènes.* Voici le *Satyre* et le *Jeune Berger :* ce dernier tient timidement son chalumeau ; il est hésitant, honteux et comme fasciné par le désir qui s'échappe des yeux hardis du Faune, de ses grosses lèvres entr'ouvertes, qui roidit tous ses muscles et crispe ses jambes de bouc anguleuses. De tels marbres, si beaux qu'ils soient, me gâtent l'antiquité. Je ne parle pas de la chambre des objets obscènes, de ces hideuses imaginations que les fouilles de Pompéi ont trahies ; on a, en face de ces œuvres où l'art se dégrade, une vision de l'affreuse corruption de la Rome impériale, de ses débauches sans honte, sans frein, sans fin, qui défiaient la nature, mêlaient la cruauté au plaisir, le crime à la folie. L'Italie en a été pour jamais salie. Aujourd'hui encore, on ne peut sortir le soir dans la rue de To-lède sans être suivi d'un de ces êtres qui vous offrent sans vergogne *una ragazza, una ballerina, una contessina.* Êtes-vous indifférent? *un ....* La pudeur semble inconnue; la corruption n'épargne pas même l'enfance. Sous ce ciel admirable, devant cette nature aux formes pures, aux lignes solennelles, cette mer bleue que rien ne peut souiller, vit un peuple sans idéal, qui ignore le lendemain, qui mendie, crie, gesticule, s'agite, dont la religion est tout en fêtes, en images, qui n'a point d'art, point de patrie, avili par l'arbitraire et la servitude, sans autres dieux que le hasard et la force, d'une sensualité vile, misérable, sale. La liberté pourra-t-elle rendre jamais quelque noblesse à cette race dégénérée ? Tant que les *frutti di mare* sont à bon marché sur le quai de Santa Lucia, que les *improvisatori* le charment, que les spectacles forains le font rire, que le soleil sèche ses haillons, que les musiques, les processions, les fêtes l'amusent, a-t-il besoin d'autre chose ? Sa vie est un long rire, une grimace perpétuelle. Des fenêtres du couvent de San Martino, qui domine de si haut la ville, on entend monter la rumeur assourdissante de cette existence foraine, tumultueuse comme la rumeur d'une puissante marée. La grande ruche s'étend tout autour du golfe immense : les maisons sont pendues aux rochers, parmi les cactus, les orangers, les aloès; il faut élever le regard jusqu'aux cimes du Vésuve et aux croupes les plus élevées de la Somma pour trouver des espaces que l'homme ait respectés. Descendez pourtant de ces hauteurs par les rues tortueuses qui rampent en tous sens, et dans cette ville immense vous ne trouverez pas un coin, pas un asile, pas une église, pas un palais, pas une statue, pas une œuvre qui arrête le regard et qui reflète en ses formes, en ses lignes, la splendeur admirable de ce beau ciel et de cette nature éternellement jeune et belle. Le palais royal est une grande caserne, en face d'un arsenal; le théâtre San Carlo, une masure; l'église qui fait face au palais royal singe misérablement Saint-Pierre et ses deux portiques circulaires. Entrez dans une église quelconque, soulevez la lourde tenture graisseuse qui pend devant la porte, vous ne trouvez qu'un luxe criard et faux, des paillettes, des dorures, des marqueteries de marbres polis qui ressemblent à de la porcelaine, des grilles contournées, des balustrades ventrues; aucun style dans tous ces vains décors, aucun caractère. La gueuserie s'y donne le spectacle gratuit de l'or, des riches tentures, des dentelles, des oripeaux. Que serait Chiaja sans la vue de la mer, des belles lignes de Capri? la rue de Tolède sans ce fleuve animé qui monte et descend et crie, sans ses balcons, ses couleurs, son désordre? Naples n'est pas, comme Venise, Florence ou Rome, une des cités de l'âme : on y est trop assourdi; la rêverie, la contemplation sont sans cesse interrompues; il faudrait fuir sur le golfe, ou s'enfermer avec le peuple silencieux des statues; on n'y peut vivre dans le passé; les heurts sont trop fréquents : on se sent gagné par la fièvre continuelle, l'activité stérile, la curiosité infatigable et vaine qui agitent tant de milliers d'êtres.

SICILE

SICILE.

Nous quittons Naples, le 17 mars au soir, sur le vapeur *Etna*. La mer est encore houleuse, après une forte bourrasque de sud-ouest (*libeccio*). Le roulis, sans m'endormir, me procure une demi-somnolence douloureuse. Mille impressions se croisent dans mon esprit. Je revois le grand *Taureau Farnèse*, ce groupe trop admiré. L'instant d'après, je me retrouve dans un petit théâtre napolitain, où des acteurs stupides jouent sérieusement *Barbe-Bleue* et dansent le can-can comme des polichinelles remués par des fils. Je remonte les petites rues étroites, en escalier entre deux murs, où d'un balcon à l'autre pendent les linges qui sèchent au soleil; j'écoute les cris des marchands, je m'arrête devant les Madones des coins de rue. La pente du Vésuve me mène jusqu'à cette fumée épaisse qui sort perpétuellement du volcan; les flocons suspendus, frappés du soleil latéral, s'animent et prennent les courbures de la *Psyché*. Je revois les peintures pompéiennes; ma fantaisie erre parmi ces décors ingénieux, bizarres : l'*Alexandre furieux* de la mosaïque lance sur moi ses chevaux effarés ; des femmes à la tunique légère, posées comme des tiges de fleurs, se détachent sur des fonds couleur de brique parmi de minces colonnettes ; les graves empereurs me toisent ; le *Gladiateur blessé,* qui s'affaisse pesamment, jette sur moi le regard fixe et effrayant de la mort. Je m'écarte pour laisser passer un *corricolo* qu'emporte un âne au triple galop ; voilà Sainte-Lucie, les marchands d'huîtres, les mollusques gluants, luisants, encore humides. Le bâtiment crie lourdement, craque, se plaint. Si ces beaux vases étrusques allaient se casser ! Les héros nus, les femmes aux longues chlamydes, tracées d'un pinceau sûr, remuent, dansent, tournent déjà sur les ventres arrondis des amphores. Je dors enfin ; je ne me réveille que près d'Ustica : je vais sur le pont. Le bateau roule toujours péniblement : cette ombre fine, c'est la terre ; le mont Pellegrino se lève devant moi comme un fantôme. Une pluie fine pique le flot. Palerme m'apparaît comme ferait un port anglais.

Nous passons sans nous arrêter par la Dogana, et l'on nous mène au palais d'Orléans, une maison spacieuse, propre, à trois étages. Le roi Louis-Philippe y vécut pendant trois ans, après son mariage avec Marie-Amélie ; trois de ses enfants y sont nés : le duc d'Orléans, la reine Louise et la princesse Marie. Dans le salon, deux portraits, l'un assez gracieux de la duchesse d'Aumale avant son mariage, l'autre de la reine Caroline, une figure hautaine, menton puissant, lèvre inférieure marquée. Dans les appartements, simplement peints de blanc, à parquet rouge, quelques meubles style empire, des vases en porcelaine de Naples, avec des portraits de la famille des Bourbons; au second étage sont les chambres à coucher, avec jolis carreaux de couleur, meublées comme des cellules. De ma fenêtre je vois la place de l'Independenza, où s'exercent toute la journée les soldats italiens; la grande porte de la ville, surmontée d'un corps de bâtiment où logea Garibaldi en 1860, ne voulant pas coucher dans les lits royaux. Le palais royal y est joint par des terrasses; de grands murs droits badigeonnés en jaune, avec des ogives où pend le linge sale des habitants du château, surmontés d'un petit observatoire. Au fond, l'immense masse du Pellegrino, dont la croupe ressemble à celle de quelque lion au repos. Du côté opposé, une vue admirable par le beau temps; le parc rempli d'orangers, toute la *Concha d'oro*, une plaine immense qui remonte par un pli d'une douceur extrême sur les flancs d'immenses montagnes nues, dont aucune végétation ne découpe, ne déchiquète les lignes solennelles. La lumière, qui varie d'inclinaison, y trace des ombres qui changent à toute heure de la journée, et qui se détachent toutes bleues sur la roche rosée, violette, parfois un peu verdissante sur les points où peut croître entre les pierres le maigre sumac. Sur l'im-

mense tapis de la Conque d'or, un vrai jardin des
Hespérides; la verdure luisante et jaunâtre des orangers, des citronniers, se mêle çà et là à la grise et
pâle chevelure des oliviers; l'immense tapis est piqué
de blanches maisons, sans ordre, sans symétrie. La
grande Conque se ferme par la courbe immense de
Palerme et de la mer bleue.

Vendredi 16. — Il n'y a que deux rues à Palerme,
à angle droit, Tolède et la Via Macqueda. Dans Tolède, on voit partout la mer qui se lève comme un
voile bleu. Au croisement, la place des Quatre-
Cantons, avec ses statues. Toutes les maisons sont
hautes, hérissées de balcons de fer forgé, où se tiennent les femmes. Les ruelles, qui se croisent en tous
sens, sales, puantes, forment un réseau serré comme
une toile d'araignée. Le soleil anime, jette ses rayons
d'or sur cette misère et ce délabrement. On ne répare
pas les vieux palais espagnols; les murs ont la lèpre,
les croûtes du badigeon tombent partout. Dans le
nord de l'Italie, les églises ont des nefs admirables
et des façades de brique; ici, comme dans tout le
Midi, elles cachent leurs nefs vulgaires parmi les
maisons et étalent des façades prétentieuses remplies
de niches, couvertes de statues grimaçantes. La cathédrale est assez belle; bâtie dans un style mi-arabe,
mi-normand, elle est défigurée par une coupole
moderne. A l'intérieur, même profanation; on n'y
peut rien regarder que les grands et massifs tom-

beaux de porphyre où dorment les premiers rois normands.

Sur la Piazza Reale, on vient de découvrir des mosaïques antiques ; on y voit de belles têtes d'Apollon, de Neptune, Orphée charmant les animaux ; ces charmantes décorations si simples, mais d'un goût si pur, où se plaisaient les anciens. Ces restes ne vivront peut-être pas longtemps, car rien n'égale l'incurie sicilienne : les gamins se promènent sur ces vieux pavés et en détachent des morceaux.

On a vite vu Palerme. A quatre heures, je vais à la promenade dite des Anglais. Le temps est enfin devenu méridional : il y a je ne sais quelle douceur narcotique dans l'air. Quelques voitures fermées en ce beau temps, où des dames enveloppées de manteaux se promènent lentement. Derrière les pins d'Italie, les cactus hérissés, les orangers, les haies de fleurs, on voit la nappe bleue de la Méditerranée, les pentes du Pellegrino où serpente la route qui mène à la grotte de Sainte Rosalie. Des prêtres passent conduisant des écoliers vêtus de costumes demi-militaires, aux couleurs brillantes. Je me sens envahi par je ne sais quelle langueur ; les lignes roses du cap Zaffarano qui avance en pointe dans la mer, la blanche croupe des Madonies dont les neiges luisent au soleil ; l'azur qui se détache de toutes choses, du ciel, des eaux, des longues ombres transparentes ; la silhouette dorée de la ville, les mâts du port qui semblent une filigrane légère, quelques voiles latines dont le blanc triangle se détache sur le saphir de la mer, remplissent mon esprit d'impressions plutôt que de pensées. Je jouis avec indolence de ces harmonies de la terre, des eaux et des cieux. Comme tout est grand! Une ville de deux cent mille habitants semble devenue quelque chose d'insignifiant; elle fournit seulement quelques traits à cet immense décor. Je rentre le long des vieux remparts déchirés, en ruine, par des rues remplies d'ordures, où jouent des enfants demi-nus. Par les portes ouvertes, j'aperçois les chambres en désordre, les murs sont couverts de grossières enluminures; des enfants jouent à la procession, ils ont allumé des cierges et transportent en riant une Madone. A toutes les fenêtres, aux balcons, s'accrochent des ficelles où sèche du linge; des pelures d'orange en longs tire-bouchons sèchent aux murs : c'est le combustible du pauvre. Ici pendent les longs cylindres du maca-roni, attachés à des bâtons. Un marchand d'eau pro-mène sa petite voiture et laisse tomber dans les verres un peu d'essence d'anis. Les ânes traînent de petites charrettes couvertes de peintures criardes; on peut y étudier la légende populaire : ici c'est Ga-ribaldi, ailleurs sainte Rosalie; un Christ montre sa poitrine ouverte et son grand cœur saignant. Voilà les Roger, les Normands de la conquête. Sur presque toutes les voitures, on voit écrit : « Evviva la Divina

Providenzia! » Il faut bien se garder des accidents. La petite charrette est attachée aux essieux par des ferrures bizarres, contournées, repliées en zigzag; l'âne porte sur le dos une façon de corne verticale, attachée à une petite sellette couverte de morceaux d'étoffe rouge, de houppes, de dorures, de verroteries. Les pauvres bêtes peuvent s'abattre sans que la voiture tombe, elles traînent patiemment des charges énormes; personne ne semble avoir pitié de leurs plaies saignantes. On en voit couvertes entièrement de grands bâts en paille tressée, qui font deux poches où s'amassent des montagnes de légumes, entre lesquels se tient encore un homme. Dans les petites voitures s'amassent quelquefois, par je ne sais quel miracle d'équilibre, sept, huit personnes; un seul âne les traîne, constamment piqué, roué de coups. Pauvre quadrupède sicilien! n'es-tu pas le meilleur emblème de ce peuple en tout temps opprimé, conquis, ruiné, toujours soumis et toujours rebelle, obéissant et mécontent, infatigable et paresseux?

20 mars. — On voit partout dans la rue de Tolède des traces de boulets de l'insurrection de 1866, celle qu'on a appelée l'insurrection des moines. Les *picciotti* s'étaient emparés de la ville. Les couvents de femmes s'étaient ouverts pour eux comme par enchantement, et les insurgés tiraient à l'aise sur la troupe des balcons de fer et des fenêtres grillées. Beaucoup de ces balcons ont été démolis après l'insurrection. Quinze cents Piémontais, enfermés dans la caserne du port, affamés, se défendirent avec une extrême énergie jusqu'à l'arrivée des renforts. En 1860, Garibaldi avait empêché les *picciotti* de piller; ils étaient retournés les mains vides dans leur village, et avaient reçu les reproches de leurs familles. En 1866, ils se dédommagèrent. On m'assure qu'il se commit de grandes cruautés; que des moines brûlèrent à leur couvent, près la Porta Macqueda, un officier de police fait prisonnier, blessé. Un moine déclara depuis qu'il était mort, et qu'on voulait seulement empêcher la putréfaction.

Il est aussi difficile de savoir l'histoire contemporaine que l'ancienne, plus difficile souvent. Les passions enfantent de suite la légende. Voici ce que j'ai entendu raconter du mouvement de 1860 : Le 3 avril, il y avait eu dans Palerme un mouvement avorté; il y avait quinze mille soldats pour tenir la ville, une flotte dans la rade. On fusilla une quinzaine d'insurgés pour faire la *terreur*, contenir la ville. Un jeune homme, nommé Rizzo, blessé, fut conduit à l'hôpital. On lui demanda des révélations : s'il parlait, son beau-père, arrêté aussi, aurait la vie sauve. A ce moment, le beau-père était déjà fusillé. Un médecin, les médecins sont toujours humains, le lui apprend; il arrache son bandage et meurt.

Suivent quarante jours d'état de siége, d'insurrection morale. On a dit que Garibaldi avait insurgé la Sicile ; non, la Sicile était tout insurgée, frémissante, épiant une occasion, une heure. Les *mille* arrivent à Marsala. Dès ce moment, les troupes napolitaines étaient vaincues, chassées. Elles ne songèrent plus qu'à la retraite. Les *mille*, dont la petite armée avait fait la boule de neige et s'était enflée des *picciotti*, arrivèrent devant la ville, commencèrent l'attaque à la Porta Macqueda : trente-sept garibaldiens furent tués. Les Napolitains, repoussés de Monreale, s'étaient repliés par la Porta Nuova dans la ville, en pillant les maisons sur la route. La ville se hérisse de barricades. Garibaldi s'établit au municipe ; les canons du fort sont dirigés sur ce point, deux boulets enfoncent le toit voisin du couvent de Santa Chiara. Les généraux napolitains parlementent avec Garibaldi à bord d'un navire anglais ; ils capitulent enfin. Bosco, qui errait seul aux environs, tombe sur la ville et livre un combat inutile. Il est compris dans la capitulation. Les Napolitains se retirent sous le mont Pellegrino, et sont embarqués en deux détachements. Le dictateur, au lieu d'aller coucher dans les lits du palais royal, va simplement se loger dans une grande chambre qui est au-dessus de la Porta Nuova. Mordini décréta, peu après, que cette chambre resterait toujours dans l'état où Garibaldi la laissa. Je l'ai visitée : quelques chaises en forment tout l'ameublement. Garibaldi a certes quelque chose du héros antique : un désintéressement absolu, une grande horreur du sang. Il ne permit aucune vengeance, aucune exécution, protégea jusqu'aux prêtres, aux moines; il empêcha le pillage, renvoya les *picciotti* dans leurs foyers : il devint, il est encore pour les Siciliens un dieu.

Visite à la Ziza. — Il ne reste à Palerme que deux maisons arabes, la *Cuba,* aujourd'hui une caserne, qui ne vaut guère la peine d'être visitée, et qui n'a rien conservé de ses anciens ornements, et la *Ziza,* où l'on voit encore quelques mosaïques dans la salle de la piscine et dans le porche. Ces palais des émirs ont une forme cubique et sont surmontés de terrasses. Qui reconnaîtrait aujourd'hui dans la caserne de cavalerie le lieu enchanteur où Boccace met la scène d'un de ses contes? Il en décrit, suivant un auteur ancien, le *pomarium* de deux mille pas de tour, les massifs de lauriers, de myrtes, les pavillons, l'étang poissonneux, la ménagerie. On retrouve encore au sommet de l'édifice l'inscription sarrasine dont il parle, et qui ne peut être déchiffrée.

La *Ziza* a été restaurée par les Normands. On voit encore l'escalier de marbre, couvert de mousse, par où les eaux descendaient dans la piscine. Les mosaïques de cette salle et du porche, où figure le paon, comme dans la salle des Roger au palais royal, sont normandes; l'inscription kufique du mur est aussi du temps des Normands; il n'y a d'arabe que l'inscription devenue illisible au sommet du palais.

Les mosaïques, les marbres, les porphyres des étages supérieurs ont disparu; il ne reste rien des jardins de l'émir. Mais de la terrasse on a la vue de cet immense jardin qui de la mer étend son trésor de verdure jusqu'aux montagnes roses qui ferment la vallée, vue incomparable qui ne se peut décrire, car son charme tient aux plus délicates nuances de la couleur, aux plans, aux contours de ces sculptures grandioses qui se nomment les montagnes.

La terre, le ciel et l'eau semblent rayonner la lumière, une lumière éthérée, fine, chaude, émue, vibrante, qu'on ne connaît point dans le Nord. Écoutez le juif Benjamin de Tudela, qui voyageait en 1172, au temps de Guillaume le Bon : « Dans la ville, on voit sourdre la plus riche des sources; elle est entourée d'un mur, et forme un étang que les Arabes nomment l'Albehira : des poissons vivants de toute espèce y sont prisonniers. Sur l'étang sont des barges royales brillantes d'or, d'argent, de peintures. Le roi s'y promène souvent avec des dames. Il y a aussi dans les jardins royaux un grand palais dont les murailles sont couvertes d'or et d'argent, dont les planchers sont revêtus de marbres les plus divers, et qui contiennent des représentations de toutes sortes d'objets. Il n'y a nulle part de palais qui approchent de ceux de cette ville. » On ne sait plus où était l'Albehira; on ignore où se trouvait le château dont parle Benjamin. La pauvre *Ziza,* sa piscine humide, aujourd'hui silencieuse, est le seul témoin de la splendeur passée des émirs.

Les Arabes avaient, en pleine nuit du moyen âge, donné à la Sicile une culture inférieure, il est vrai, à celle des Maures d'Espagne, mais toutefois très-avancée. Ils ont laissé dans l'île une trace qui n'est pas encore effacée. Les vieux oliviers, greffés de leurs mains, se nomment encore les *saraceni*. On trouve des villages qui semblent tout à fait des villages arabes. La gravité, la taciturnité, l'expression sombre des habitants font penser à l'Orient plutôt qu'à l'Italie. Les femmes, il n'y a pas bien longtemps, vivaient encore à Palerme enfermées dans leurs maisons; elles ne se montraient qu'au balcon. Elles restaient dans le gynécée, comme les femmes de l'Orient, grasses, paresseuses, ignorantes.

Amari a raconté l'invasion sarrasine en Sicile. Ses sources sont la Chronique du diacre Jean de Naples (850), l'Anonyme de Salerne (fin du dixième siècle), le chronographe byzantin Constantin Porphyrogénète et ses successeurs; chez les Arabes, Ibn-el-Alhir, Nowairi et Ibn Kheldun. L'île s'était révoltée contre Byzance. Le 13 juin 837, une flotte sortie de Suze apporta au secours des insurgés des Arabes, des Berbères, des Sarrasins d'Espagne, des Persans, des Africains, en tout sept cents chevaux et dix mille hommes de pied. Le débarquement se fit à Mazzara. Les Grecs battus s'enfermèrent dans Syracuse; le siége dura un an. Les Sarrasins, logés aux Latumies, souffrirent beaucoup de la peste (les Carthaginois et les Athéniens, qui avaient fait le même siége, avaient aussi été décimés par les maladies). Le doge de Venise, Gustiniano Partecipazio, ravitaillait la ville. Les Sarrasins fatigués se retirent, suivis par Eusémius, le général grec; mais, ayant reçu des renforts, ils prennent Agrigente, Palerme, qui devient leur capitale. La lutte se prolongea longtemps; Syracuse subit un siége dont les horreurs rappellent la défense héroïque du temps de Nicias et de Marcellus. La vieille ville hellénique tomba le 21 mai 878. Tous les habitants furent passés au fil de l'épée; la ville fut livrée aux flammes. En 901, Taormina tomba la dernière; le croissant avait abattu la croix.

Les conquérants se montrèrent pourtant tolérants. On montre dans la sacristie de la chapelle Palatine, à Palerme, le manuscrit d'une lettre où l'émir permet les cérémonies chrétiennes. Les Normands de la conquête trouvèrent un évêque grec à Palerme, des chrétiens dans le val Demone, le val de Mazzara. Quand les Fatimites succédèrent aux Aglabites, la Sicile devint, après des luttes sanglantes, une province égyptienne. La période des Fatimites fut l'âge d'or de cette île. L'émir, devenu héréditaire, établit l'ordre, régna paisiblement non-seulement sur la Sicile, mais sur les Calabres, battit les troupes et les flottes des empereurs grecs. Les

Sarrasins de Sicile transportèrent sur ce sol nouveau la poésie, les sciences, les arts de l'Orient; mais ils n'élevèrent nulle part des monuments pareils à ceux des Maures d'Espagne. Ceux-ci fondèrent un grand empire, furent les maîtres de la Péninsule pendant sept cents ans, soutinrent les efforts des grandes nations chrétiennes de l'Occident. La petite Sicile, arrachée aux Grecs corrompus par quelques sectaires, ne put devenir le centre d'une semblable monarchie. Les grands modèles de l'architecture hellénique, toujours debout et respectés du temps, frappèrent de stérilité l'art oriental, le réduisirent à des proportions mesquines. Point d'effort gigantesque; des lieux de plaisance, de belles eaux, des jardins, des ornements vains suffirent aux vainqueurs sous ce ciel si doux et cette lumière enchanteresse. Le fanatisme musulman s'y amollit, s'y énerva, et ne put résister enfin à une poignée de barbares.

Si loin l'une de l'autre, l'Angleterre, la Sicile eurent pourtant des destinées toutes semblables. Les Normands y apportèrent le système féodal, divisèrent les terres en parts égales entre le roi, les nobles, l'Église. Les baronnies, les majorats de la conquête durent encore.

Robert et Roger Guiscard prirent Palerme et accordèrent aux Sarrasins la vie sauve et le libre exercice de leur culte. Ces aventuriers normands aimaient la terre plus qu'ils ne détestaient les infidèles. Ils n'avaient pas contre l'Islam la haine féroce qui, vingt ans après, s'étalait avec une fureur si sauvage dans les rues de Jérusalem prise d'assaut. L'islamisme ne fut point persécuté en Sicile ; il disparut lentement devant les vainqueurs, se réfugia dans l'intérieur, vécut encore un siècle et demi.

Il y eut là un curieux mariage entre la croix et le croissant. L'architecture normande de Sicile est comme le symbole de la tolérance ; elle confond l'art gothique et l'art mauresque, l'ogive et le cintre, élève des voûtes en stalactites pareilles à celles de l'Alhambra au-dessus de nefs remplies de mosaïques byzantines, pose ses arcs sur des colonnes antiques, mêle le style des basiliques à celui des mosquées, surmonte les mosaïques musulmanes, inanimées et sans vie, faites de dessins rectilignes et géométriques, des grandes figures de l'épopée chrétienne. Ses plus beaux restes sont la chapelle Palatine et l'église de Monreale.

La chapelle du palais royal est un joyau, une petite basilique en miniature ; la voûte de la nef est formée de caissons dorés, stalactiformes ; les bas côtés ont des toits en plan incliné où les poutres font saillie. Dix colonnes corinthiennes servent d'appui aux parois de la nef, où se déroulent les mosaïques. Toute la partie inférieure des murs latéraux est couverte de plaques de marbre blanc, où s'incrustent

des dessins réguliers, multicolores, de grands fers de
lance formés de morceaux de porphyre rouge et vert;
au-dessus de cette mosaïque arabe à fond blanc, sont
les mosaïques chrétiennes à fond d'or. L'art de
Byzance s'est un peu amolli. Peut-être aussi les
mosaïstes siciliens avaient-ils conservé quelques
traditions antiques; indifférents aux passions religieuses, ils faisaient courir dans les rosettes du toit
d'un temple chrétien des inscriptions kufiques, em-
pruntaient la langue du Coran, les hyperboles de
l'Orient. L'abbé Morso a retrouvé dans le plafond
la répétition de l'inscription de la dalmatique de
Roger, emportée en Allemagne par Henri VI (dalmatique de Nuremberg qui servait au couronnement
des empereurs). Au fond de l'abside, comme de coutume, ils ont mis un Christ, tête immense, œil fixe,
plus doux que d'habitude, grands cheveux descendant en ondes noires, un livre dans la main. Saint
Pierre, saint Paul dominent les bas côtés, comme le
Christ emplit la nef de son regard profond : Paul,
figuré par un vieillard sec, maigre, chauve, à mine
sévère; Pierre, plus calme, l'air moins rébarbatif,
moins dominateur. L'or tremblant des mosaïques
éclairées de rayons obliques; la bizarrerie des styles,
la naïveté des vieilles peintures de pierre; le désordre
des inscriptions grecques, latines; l'*ambon* avec son
aigle aux ailes étendues, ses piliers sculptés; l'étrange
candélabre apporté par Roger, où courent des sculp-

tures gothiques parmi des feuilles d'acanthe d'une pureté grecque; la coupole qui s'attache à sa base octogone par des arches en encorbeilement concentrique, tout amuse et étonne le regard. Il y a une sorte d'ironie et d'insolence dans cet art qui a pillé tous les arts, en·même temps qu'une splendeur barbare et naïve. Les rudes guerriers qui venaient prier ici retrouvaient sur ces murailles les reflets des cottes de mailles, des armes de combat, des cimiers dorés; leurs éperons résonnaient bien sur les durs pavés de marbre, de granit et de porphyre. Ces hardis aventuriers, grossiers paysans devenus rois et barons, il semble qu'on les voie entrer tête haute; quelle autre peinture auraient-ils pu comprendre que cette imagerie de pierre? L'œil du roi, placé sur son trône au bout de la nef, pouvait-il se baisser devant un autre que ce Jésus grandiose, à l'œil fixe, qui lui disait : « Le ciel est mon trône, et la terre mon escabeau? »

La chapelle fut construite par Roger, le premier roi, et beaucoup de mosaïques, les plus belles, remontent à son règne. Dans le palais royal, il faut visiter la salle dite des Roger, ou salle normande, ornée de mosaïques du temps de Guillaume Ier. Les parois inférieures sont couvertes de marbre blanc; au-dessus est le fond d'or avec des hommes, des animaux, des paons, des cygnes, des lions, des léopards, des palmiers, des bananiers, des orangers, des

chasseurs lançant leurs flèches sur des cerfs, des cen-
taures s'attaquant avec des arcs. Cette salle donne
quelque idée de la splendeur légendaire de la cour
des rois normands. La Sicile, placée sur la grande
route de l'Orient, fut pendant l'ère des croisades
un lieu privilégié. Les Normands, qui aimaient à
gaigner, l'avaient bien choisie. Ils protégèrent, dans
cette oasis de la mer, les deux religions en lutte. Ils
se laissèrent gagner par la mollesse des mœurs arabes,
eurent des harems, des pages, des eunuques secrètement attachés à l'ancienne foi. Les femmes de Palerme, au dire de Mohammed-Ibn-Djobair, de Va-
lence, qui visita la Sicile au douzième siècle, indolen-
tes, grasses comme des sultanes, allaient aux églises
couvertes de soieries, voilées, chargées de colliers,
de bracelets, de chaînes. Les rois avaient des femmes
musulmanes dans leur harem. Le fanatisme s'était
fondu sous ce doux soleil, sous ces beaux ombrages,
en face de cette mer voluptueuse, au bruit des eaux
amenées des montagnes qui jouaient dans les bassins
de marbre.

22 *mars*. — Visite à Monreale : ce lieu célèbre
est à une très-petite distance de Palerme, au sommet
d'une colline qui forme comme une verrue au pied
de la montagne. La route, après avoir traversé la
plaine couverte d'orangers, s'élève le long des durs
rochers luisants, dont tous les angles s'emplissent de
figuiers aux grandes feuilles ovales. On rencontre

des hommes de campagne sur leurs ânes ou leurs chevaux, armés de fusils. Une voiture passe avec deux officiers en uniforme; des revolvers sont couchés devant eux. Des bersaglieri à culotte rouge sont assis au bord de la route, le fusil entre les jambes. Nous arrivons à la ville, sale, aux rues étroites, inégalement dallées. Des linges sèchent à toutes les fenêtres. Sur le seuil des portes noires, des femmes filent avec des enfants à leurs pieds. Les hommes, hâves, au teint jaune, l'œil sombre, nous regardent avec défiance. Monreale a toujours été un nid de brigands : les noirs oiseaux de proie ont la plaine d'or à leurs pieds; ils volent, tuent, et rentrent dans leur repaire, dans les rochers. J'ai vu sur la route un trou où se cacha longtemps un brigand fameux : il fut trahi par un homme qui lui apportait à manger, et pris par les soldats qui cernaient la montagne. Quinze jours après, le traître travaillait dans un chantier dans les faubourgs de Palerme. En plein jour, des amis du brigand vinrent le tuer; ils tirèrent sur lui quinze coups de fusil. Pas un ne fut arrêté.

A l'extérieur, la fameuse église de Monreale n'a rien de beau; elle tranche à peine de loin sur les maisons, les pierres de la ville. Mais au dedans, quelle merveille! Il semble qu'on entre dans un temple céleste. L'architecture est la même que dans la chapelle Palatine; mais ici tout est devenu gran-

diose : pas de coupole, pas de toit en caissons stalactiformes ; de simples poutres dans la nef comme
dans les bas côtés. Au-dessus du plan majestueux
du parvis, une série de grandes marches de plus en
plus élevées, en même temps qu'un resserrement
graduel des plans verticaux et des cintres vers le
fond de l'abside. Cette ordonnance si simple, si claire,
soulage le regard. La légende byzantine n'est plus
ici resserrée, étouffée dans un petit cadre, réduite
aux proportions d'une tapisserie ; elle se déroule largement. Les premiers Pères, les patriarches, les
prophètes se meuvent en toute liberté. Ce grand
livre à fond d'or, c'est la Bible du peuple, des illet-
trés, des soldats, des moines. Un immense Christ,
παντοκράτωρ, qui tient la main levée pour bénir, remplit l'immense nef de son regard triste et terrible.
Les reflets d'or se croisent, descendent des poutres
ouvragées, jaillissent des guillochures des mosaïques.
Le marbre blanc, bordé de dessins en mosaïque,
court en large bande au pied de toutes les murailles,
les dorures portent sur ce frais appui comme un édifice qui s'élève au-dessus d'une eau transparente. Les
colonnes antiques de syénite rose, pures, calmes, solides, soutiennent des murs unis, droits comme une
toile ; les arcs puissants n'ont pas une moulure. Cette
simplicité romane donne l'impression de la force ;
mais les couleurs, les reflets des pierres dures, les
tons infiniment variés de l'or composent une lumière

joyeuse, irradiée, féconde en surprises, toujours changeante. Il ne se peut rien imaginer de plus original, de plus étrange. On ne trouve rien encore ici de la confusion, du trouble, de l'effort douloureux de l'art gothique. C'est dans le cloître voisin de l'église qu'ils se révèlent, dans ces puériles colonnettes, toutes dissemblables, et ces chapiteaux compliqués dont chacun révèle une recherche, une invention. L'esprit nouveau, qui ne se contente plus des lignes antiques, qui fuit la tradition, essaye ses forces dans ces petits microcosmes, les remplit d'ornements bizarres que n'a pas connus l'antiquité, y introduit non plus seulement la légende sacerdotale, mais le drame humain, les plaisirs, les occupations, les jeux de chaque jour ; il copie la nature, crée une nature, des monstres, des chimères, des diables. Les deux génies du Nord et du Midi se sont trouvés un moment voisins. On admire la fécondité, la verve, la curiosité romantique du génie septentrional ; mais que son œuvre est peu de chose auprès de la riche et massive grandeur de la basilique vêtue de son manteau doré ! Les Normands ingénus n'ont eu garde, en face des merveilles italiennes, d'importer la triste architecture des pays de froid et de brume ; ses clochers, sombres rayures des cieux gris ; ses forêts serrées de colonnes maigres et frileuses ; ses nervures bizarres, noueuses, énigmatiques ; ses élancements sans raison, ses retraites anguleuses, étroites, tout ce désordre

qui convient aux imaginations en souffrance, lasses
du présent, inquiètes, tendues vers l'avenir, vers le
vague infini et le ciel invisible.

Comment concevoir ici de tels soucis, un pareil
état de l'âme? Venez avec moi sur la terrasse du
couvent, comme du haut d'une tour nous domine-
rons la plaine immense! Les rouges tuiles des toits
brillent parmi les orangers touffus. La Conque d'or
descend en pente molle jusqu'à la rade de Palerme,
et les douces ombres vertes, nuancées à l'infini, les
jardins, les orangers, les oliviers, ne s'arrêtent
qu'aux maisons de la ville, dont les clochers, les
coupoles, les toits en désordre se découpent sur le
grand voile bleu de la mer. Les montagnes, qui forment comme un cirque colossal, dorment dans leur
repos solennel; nulle forêt ne hérisse leurs arêtes
roses, taillées dans le marbre; les ombres bleues qui
descendent en lignes droites se détachent si nettement que l'œil peut suivre toutes les sinuosités,
comprendre toutes les formes. La chaîne s'étend
comme un collier de perles fines sur une robe verte
aux beaux plis. Toutes sortes d'images gracieuses,
tendres, amoureuses, traversent l'esprit. La ligne circulaire de la Méditerranée se borde, à droite, de taches
vaporeuses; ce sont deux des îles Lipari. Il semble
que l'azur du ciel attire celui de la mer, que la puissante lumière porte et soulève les montagnes. Dans
la pleine lumière chaude, qui doucement vibre et

frémit, tout prend une âme, se revêt de beauté, d'allégresse, d'une douceur paradisiaque.

L'invasion normande marque dans l'histoire de la Sicile un moment pareil au triomphe des Hellènes sur Carthage. Les dieux grecs, dieux humains, libres, faciles, avaient triomphé à Himère de l'affreux Moloch africain. La Sicile, en peu d'années, se couvrit de temples magnifiques. Il y eut une floraison semblable de l'art au lendemain du triomphe contre les Sarrasins. Ne fallait-il pas célébrer cette grande victoire de l'Occident? Ces parvenus, rois par la grâce de Dieu, ne lui devaient-ils pas des monuments? Les papes leur donnaient l'investiture, les nommaient légats, leur envoyaient la dalmatique, l'anneau sacré, les rouges sandales; mais dans les mosaïques (Monreale, chapelle de la Martorane[1]), on les voit qui reçoivent la couronne des mains mêmes du Christ. Ne fallait-il pas égaler les splendeurs de Byzance, faire pâlir Sainte-Sophie même? Les aventuriers hardis veulent immortaliser leur gloire. Roger fait construire, la même année, les églises de Céfalu, de Messine, la chapelle Palatine. Guillaume II, dit le Bon, dans son impatience, remplit Monreale d'une armée de mosaïstes (cette merveille fut achevée en six ans, de 1170 à 1176); il appelle

---

[1] La Martorane est une petite église de Palerme, analogue à la Palatine, mais défigurée par les dorures et les restaurations modernes. Elle a une tour charmante, de style normand.

Bonnanno, de Pise, pour fondre la grande porte de bronze. Il rebâtit la cathédrale de Palerme, lui donne ses belles tours gothiques, son portail. Un de ses amiraux bâtit la Martorane.

24 mars. — Nous partons au milieu du jour, par une pluie diluvienne, pour le Zucco. Trois *campieri* en uniforme bleu sont en tête, à cheval, le fusil horizontal sur la selle; autour d'eux galope Antonino, le valet de chambre nègre de M. G... Nous avons des revolvers, des fusils, des carabines. Dans un faubourg de Palerme, M. G... me montre sur un mur un rébus fait au charbon : un cercle avec une raie au centre, et à côté une croix. Le cercle veut dire mystère; la croix, mort; la raie : il y avait un témoin. Un meurtre a été commis ici sous les yeux d'un spectateur invisible. La route arrive à la montagne, monte en lacets aigus la pente hérissée de rochers, d'aloès, d'agaves. M. G... me montre trois caroubiers, et me raconte l'histoire qui suit : Il revenait du Zucco, seul avec son cocher et Antonino; il avait renvoyé les *campieri.* Trois hommes étaient postés derrière les caroubiers, à petite distance de la route, qui voulaient le prendre. Ils crièrent : Arrêtez! La voiture continua à descendre. Des coups de feu partirent : le cocher eut la main frappée d'une chevrotine; la caisse de la voiture fut criblée. Mais les chevaux continuèrent à courir. M. G... et Antonino se servirent de leurs armes.

Ils virent l'un des hommes chanceler; ses deux camarades, le soutenant sous les bras, l'entraînèrent dans la montagne. Leur coup était manqué, grâce au sang-froid et au courage de M. G..., de son domestique, et à la présence d'esprit du cocher, qui avait lancé ses chevaux à toute vitesse. Deux jours après, un homme mal famé mourait à Bocca di Falco; c'était sans doute celui qui avait été blessé.

Au sommet de la montagne, on entre dans une région nue, triste, un entassement de pierres parmi lesquelles s'abritent seulement, comme dans des pots pleins d'humus, les pâles pousses des sumacs. La route s'élève toujours; les asphodèles rosés lèvent leurs hautes tiges; une herbe dure et sèche se dresse en petites touffes. De distance en distance, nous rencontrons une patrouille de bersaglieri, car la route a été *perlustrata* par ordre du général Medici, ou des compagnons d'armes à cheval.

Nous passons auprès d'un immense ravin sombre; un brigand y fut assassiné par deux de ses compagnons qui avaient peur de ses révélations : le cadavre y resta deux ans, abandonné, sans sépulture.

Nous arrivons à Montelepre, un de ces villages de pierre comme on n'en voit que dans ce pays. Tous les habitants sont sur leurs portes ou aux fenêtres : les hommes coiffés du bonnet de coton noir, enveloppés de capuces noirs; les femmes en robes sombres, les enfants demi-nus. Un peu plus loin, la plaine se découvre; nous arrivons au Zucco.

La maison est bâtie au pied d'une falaise de calcaire rouge et rosé, çà et là percé de grottes. Des oliviers antiques, au tronc déchiré, tordu en tous sens, couvrent les pentes inférieures. Toute la vallée en est remplie; le champ de verdure pâle s'étend à une distance infinie entre le golfe et les montagnes, dont l'immense ceinture onduleuse va depuis Montelepre jusqu'aux hauteurs lointaines du cap San Vito. Les grandes vagues bleues et violettes ferment le cercle immense; l'arc harmonieux du golfe qui sépare la côte occidentale des âpres montagnes de Daynasturi, trace une longue ligne bleue sur la sombre vallée. Quelques villes blanches luisent au soleil, Partenico, Alcamo, Castellamare : cette petite tache, à peine visible, c'est le temple de Ségeste. Cette vue admirable est aussi belle que celle de Palerme; il y manque les brillants vergers d'orangers, la gaieté et la splendeur d'une grande ville; le triste olivier couvre tout : les petites villes ne sont que des points sur l'immense horizon; mais cet isolement même ajoute quelque chose à la grandeur imposante du tableau : on ne voit que la mer de verdure, la mer bleue et les flots des montagnes.

Le lendemain, je fais l'ascension de celles qui dominent la vieille ferme de Daynasturi. On monte par des prés tout remplis de fleurs charmantes; elles laissent bientôt la place au roide asphodèle. Je trouve sous mes pieds, vers le sommet, mille débris de briques, traces d'une ville antique. Les hauteurs, qui ont de cinq à six cents mètres d'altitude, ne sont qu'un désert de pierres; il faut enjamber sans cesse les débris anguleux et durs de la montagne, sans herbe, sans arbres. Nous suivons la crête jusqu'en face de Terracini; le cap San Vito sort tout rose de la Méditerranée, dont le voile bleu se couvre de mille petites rides sans cesse mouvantes. Sous la chaleur accablante, il semble que tout fume : une buée vaporeuse remplit l'atmosphère, adoucit toutes les couleurs, les noie.

Que faire le soir au retour quand les volets de fer sont fermés? On raconte des histoires de brigands. En voici une au hasard. A quatorze ans, Nino volait des moutons en compagnie d'un petit berger de ses amis, et au profit d'une bande de brigands. Ce jeune compagnon avait un grandpère dur et sévère, qui de temps en temps le battait. Après une de ses équipées, il arriva pleurant auprès de Nino, tout meurtri des coups qu'il avait reçus. Le cœur de Nino s'indigne : « Va, dit-il, ton grand-père ne te battra plus. » Il s'embusque avec un fusil derrière une haie d'agaves. Le petit berger ne fut plus battu par son grand-père. Après ce beau début, Nino prit la montagne; il y resta plusieurs années, associé à une bande fameuse qui avait, dit-on (mais il faut le dire bien bas), des complices mystérieux et des plus puissants. Une bande de brigands est une association comme une autre; il y faut des hommes comme Nino, qui fassent le coup de feu, qui volent, qui tuent; il faut aussi des recéleurs. Où conduira-t-on les bestiaux volés? Au lieu d'acheter des bêtes au marché, n'est-il pas plus simple de les prendre partout où on les trouve? Dans ces conditions, l'élève du bétail devient une spéculation des plus lucratives et des plus sûres. Il n'est pas mauvais aussi, quand l'opinion publique est trop soulevée, quand les brigands deviennent scandaleux, de pouvoir obtenir de l'autorité poussée à bout un sauf-conduit, de traiter avec elle, d'obtenir un secours de route, une indemnité pour des gens qui consentent à s'expatrier. Nino et deux de ses amis durent se résigner à quitter la Sicile. Ils étaient devenus gênants. Ils avaient des économies contenues dans de bonnes valises de cuir. L'ambassadeur, qui avait traité pour obtenir les sauf-conduits, leur fit sentir qu'il serait imprudent de voyager avec tant d'argent; il prit celui des deux amis de Nino, et leur donna en échange du papier sur Gênes. Nino lui-même ne se laissa pas persuader, et bien lui en prit. Ses deux amis, arrivés à Gênes, furent consternés en découvrant que le papier dont ils étaient porteurs n'avait aucune valeur. Furieux, ils retournèrent en Sicile, violant ainsi la promesse qu'ils avaient faite à la police sicilienne. Mais leur puissant ami eut vent de leur retour, et les fit arrêter. Ce qu'ils devinrent, je l'ignore. Nino commença une longue odyssée dans les deux mondes. Il habita Boston, fut cuisinier à bord de navires américains, voyagea sur le Mississipi, au Brésil. Il regrettait toujours ses montagnes; il y revint enfin, se maria : l'amour lui refit une morale. C'est aujourd'hui un excellent père de famille, très-dangereux pour les voleurs et les brigands; son vieux fusil ne se tourne plus que sur les perdrix et les cailles.

Le soir, la musique de Montelepre vient jouer sur la terrasse; ces bonnes gens sont venus saluer l'hôte du Zucco, qui a été le bienfaiteur de ce pays. Quand Garibaldi y arriva avec ses colonnes, cette musique le suivit jusqu'à Palerme; elle fut hébergée, fêtée pendant un mois. En 1866, au bruit de l'insurrection, les musiciens retournèrent allégrement à la capitale. On les mit tous en prison. Depuis ce temps, leurs idées politiques sont fort troubles.

Pendant qu'ils jouent des airs de Verdi, les *campieri* se tiennent devant les portes ouvertes, le fusil au côté. L'un d'eux, B......, a l'air d'un vieil Arabe; j'admire son air grave, son attitude sévère. Il ne parle jamais. L'un de ses parents, de Terracini, a été le héros d'un drame politique; il fut accusé d'avoir, comme capitaine de la garde nationale, laissé tuer cinq prisonniers qui étaient sous sa garde, des ennemis de son parti. La chose ne fut jamais prouvée; mais on le tint deux ans en prison. Un personnage important lui fit offrir la liberté s'il consentait à accorder la main de sa fille à quelqu'un qu'on lui désignait; il refusa. Son fils Antonino, à quelque temps de là, fut attaqué; il tua deux de ses adversaires, et put échapper. Son beau-frère fut assassiné dans un guet-apens. Aujourd'hui Vito B....... est en liberté : c'est un homme vigoureux, à carrure solide, taillé comme un taureau. Il n'y a pas de petit village qui n'ait ses vendetta, ses luttes séculaires. La vie compte pour peu de chose; la vengeance est la fête, la jouissance suprême de ces âmes ardentes trempées au soleil, fixes, sans remords, sans crainte.

La haine pousse de profondes racines dans ces vies si calmes que rien ne traverse, faites de rêverie, de contemplation muette. Les peuples qui habitent les îles de la Méditerranée, la Corse, la Sardaigne, la Sicile, les îles de l'Archipel, secrètement païens, n'ont jamais compris le pardon, la douceur, la tendresse chrétiennes. Tout homme est justicier; il interroge sa conscience, comme les anciens demandaient des arrêts à la Sibylle. Sa morale n'a pas d'autre horizon que son propre intérêt, celui de sa famille; il est en guerre contre l'État, contre les abstractions des nations civilisées. Sa religion, toute en formules, en images, en pratiques, ne gêne guère son indépendance. Tout peut s'expier, se pardonner. Toute tache peut être lavée, même une tache de sang. L'existence, faite de rudes labeurs, de privations, d'inquiétudes, de dangers, a peu de prix. Songez aussi que depuis plus de trois mille ans la Sicile a été foulée, ravagée, conquise, opprimée, à l'état de légitime défense. La haine, d'ailleurs, est terrible en ces pays primitifs, dans ces âmes ignorantes, unies, qui ignorent le temps, l'oubli. Dans les grandes villes, les colères s'évaporent, tout passe, tout change; on est sans cesse distrait; le *moi* humain, secoué, remué en tous sens comme sur une mer, s'oublie plus facilement, ne tend pas éternellement vers le même pôle.

27 mars. — Je me promène autour de la maison. Dans le jardin d'agrément qui l'entoure viennent des palmiers, des agaves gigantesques, des lauriers gros comme des chênes, le vrai laurier de Daphné; un *ficus elastica,* aux larges feuilles luisantes, s'élève aussi haut qu'un peuplier. Les haies sont en romarins, en rosiers, en géraniums. Quelques aloès élancent leurs fleurs au bout d'une tige immense, une sorte de lance qui se dresse au-dessus des bras tordus de la plante. L'eau qui sort d'un large réservoir coule en tous sens par de petits canaux creusés autour des arbres, et mêle sa fraîcheur à celle de l'ombre épaisse. J'entends dans la plaine le long cri des chiourmes qui, en reprenant leur travail, chantent *Evviva la Madonna!* Travailler, ici, c'est fatiguer : *fatigare.* On comprend ce mot en regardant les rudes hoyaux, les pierres calcinées sous le soleil implacable qui brûle et éblouit. Un *curatolo* surveille chaque chiourme, l'excite, l'encourage, la menace, lui parle du maître tout le long du jour. On ne travaille pas autrement dans toute l'île. Pauvre paysan sicilien! son salaire est d'un franc soixante-quinze par jour, sur lesquels il faut qu'il se nourrisse. Le pain est extrêmement cher, on ne sait pourquoi; il ne mange que des pâtes, des légumes verts, du fromage, jamais ou presque jamais de viande. Il y a, peu de vrais villages; la sécurité n'est pas assez grande. Les hommes se groupent dans de petites villes; il faut donc aller très-loin pour les labours, les semailles. Au moment de la moisson, dans l'intérieur de l'île, on campe quelques jours en plein champ. En temps ordinaire, la campagne est un désert; on n'aperçoit ni un homme ni une maison.

Trop de races se sont croisées sur ce petit espace. Le peuple qui est sorti de ce mélange confus de Grecs, de Carthaginois, de Romains, de Levantins, d'Arabes, de Normands, d'Espagnols, n'a rien qui rappelle les belles races italiennes, le paysan de la Campagne romaine, le Lombard, le Vénitien. Le travail en plein soleil, sans chapeau, avec un simple bonnet de coton, a donné une saillie énorme à l'arcade sourcilière ; les profils sont durs, sans être grands ; les pommettes, les mentons sont saillants ; la commissure des lèvres n'est qu'un pli droit, serré, sans souplesse ni grâce. Les femmes, épuisées, séchées, sont rarement belles, même dans la jeunesse.

31 *mars.* — Nous retournons à Palerme par le bord de la mer. On déjeune à Terracini, un village de pêcheurs. De la fenêtre du Palazzo, où nous nous sommes arrêtés, je regarde la foule des curieux, des mendiants groupés dans la rue, aux portes des petites maisons blanchies à la chaux, qui n'ont qu'une porte et une fenêtre grillée. Le lit n'est jamais en face de la porte, par précaution contre les attaques nocturnes. Pas de toit ; de petites terrasses où l'on monte de l'intérieur par une échelle. Des Madones enluminées sont la seule décoration de ces pauvres demeures. Des vieilles, avec leur quenouille, font penser aux Parques. Les enfants sont couchés sur le seuil, dans la rue, pieds nus, la chevelure épaisse en désordre. Les hommes, gravement enveloppés de sombres manteaux à capuchon, posent, silencieux, immobiles. La route court jusqu'à Palerme entre la mer et de hautes montagnes de marbre, roses, grises, ombrées du soleil. Près de l'ancien télégraphe, M. G... me montre sur le flanc du rocher une ligne verte, une pente de gazon qui forme comme une corniche oblique. Un brigand avait coutume de la descendre et de la monter à cheval ; personne n'au-

rait pu l'y suivre. Un jour, son cheval fit un faux pas en descendant, et roula avec son cavalier dans le précipice.

La chaleur est devenue accablante : les oliviers, les agaves blanchissent sous l'épaisse poussière; la mer luit comme une fournaise d'acier fondu. Nous tournons autour des caps paresseux, au fond des petites baies endormies. Voici les Colli, un vallon plein de vieux palais délabrés, abandonnés. La mode a fui ce lieu pour la Bagheria, de l'autre côté de Palerme. Nous arrivons à Palerme : il me semble que je suis rentré dans la civilisation.

1er *avril.* — Visite au Musée. Je vais étudier les métopes des temples de Sélinonte, conservées au Musée de Palerme. Il y en a dix, de trois âges différents et provenant de trois temples.

1º Hercule qui enlève Candale et Atlas, Persée tuant Méduse, et un quadrige. Ces trois bas-reliefs sont d'un goût tout à fait barbare, grossier; ils font penser moins à la Grèce qu'à l'art étrusque primitif, ou mexicain.

2º Deux bas-reliefs représentant chacun une déesse qui abat un guerrier. Les figures ont ici forme humaine; on voit déjà la recherche de la beauté, d'une beauté masculine, étrange, bizarre. On retrouve le type guerrier des Éginètes, la barbe aiguë, les yeux fendus ninivites, la bouche ricanante. Ces deux métopes appartiennent au premier art grec, archaïque,

conventionnel encore, qui cherche la liberté, la vérité dans les poses, les mouvements, mais ne sait
pas encore peindre l'expression personnelle, l'âme
individuelle.

3° Minerve triomphant de Mars : le *peplos* a des
plis, parallèles; la forte déesse donne le dernier coup
à son ennemi, qui chancelle avec un mouvement
d'une vérité admirable. Ici nous sommes à l'aurore
du grand art. Quelle grâce dans cet Apollon qui
poursuit Daphné! deux spectres aujourd'hui, car le
temps a rongé la pierre, et l'on ne .peut plus juger
que des attitudes.

Les trois autres métopes représentent Diane et
Actéon, Jupiter et Sémélé, Hercule et Hippolyte.
Jupiter, assis sur le rebord d'un rocher, attire la
nymphe timide, chaste, dont le voile vient de s'écarter. Une fine tunique, bien qu'aux plis un peu
roides encore, ondule pourtant tout le long de son
corps. Le maître des dieux ressemble à quelque mo-
narque oriental; ses cheveux et sa barbe sont finement tressés. Actéon se débat contre les chiens,
étrangle l'un d'une main, frappe les autres de son
épée. Diane est vêtue d'une tunique et d'un péplum,
Hippolyte a les jambes entourées d'un pantalon
oriental; elle porte une cuirasse, un bouclier et un
casque lydien, par où la saisit Hercule, au moment
de lui plonger l'épée dans le sein.

Toutes ces métopes sont d'une pierre poreuse,

trouée, assez grossière; les chairs étaient toutes en marbre, et l'on a entrepris très-malheureusement de remplacer les têtes, les pieds, les mains, qui manquent. Toutes les parties restaurées sont d'une lourdeur extrême. Même en cet état de dégradation, ces bas-reliefs, par la simplicité, la belle disposition des figures, leur animation contenue, une sorte de décence grandiose et d'ardeur vigoureuse, frappent fortement l'imagination. Au lieu de les apercevoir en cette triste salle, rongés, mutilés, revoyons-les un moment sur leur glorieux entablement, entre les triglyphes rayés, sous les rayons obliques d'un soleil joyeux, au-dessus des belles colonnades! Admirons de loin, à travers la lumière légère, ces corps si nobles, dans leurs attitudes naturelles, exprimant à la fois le mouvement et le repos. Je ne sais quelle fascination l'art grec exerce sur mon esprit; après quelque chose de grec, je ne puis pendant quelque temps rien regarder. Que ces églises avec leurs frontons contournés, leurs colonnes pressées, leurs pilastres, leurs statues sans âme, me paraissent sottes! Et ces palais espagnols aux lourds étages, criblés de fenêtres, hérissés de balcons de fer, que disent-ils à ma pensée? Le palais royal, avec ses murs si nus, ses créneaux, ses terrasses, ne me semble qu'une masure. Il faut regarder le ciel, le beau ciel sans tache, ou là-bas, tout au bout de Tolède, la mer qui monte comme un grand mur bleu.

4 avril. — De grand matin, à cinq heures, nous partons en poste pour Agrigente, avec une escorte de carabiniers royaux (duc d'A..., duc de Ch..., comte de P..., duc de P........, M. G..., padre C... et moi). La route suit quelque temps la mer, puis monte sur les hauteurs de l'île. Triste voyage, par Abate, Portellamare, Misilmeri, Ogliastro, Villefrati et Vicari jusqu'à Lercara. Il n'y a point d'arbres dans les hautes régions de l'intérieur; d'immenses champs de blé clair-semés couvrent partout le terrain ondulé; pas de maisons isolées. Les habitants se serrent les uns auprès des autres dans de petites villes sales, sombres, infectes. A Misilmeri, pendant le relais, toute la population s'amasse autour de nos voitures; les figures pâles sous les sombres scapulaires de laine ont une fixité singulière. Le sourire ne remue jamais ces lèvres dures et plissées; les yeux brillent d'un feu sombre sous les épais sourcils qui se rejoignent. En 1866, on tua à Misilmeri trente-six gendarmes bloqués dans leur caserne, affamés, qui s'étaient rendus. On raconte que quelques-uns furent *sciés* avec de la paille! Les commissions militaires qui vinrent faire des poursuites après l'insurrection ne trouvèrent personne à condamner; dans cette ville de douze mille âmes, il n'y eut pas un témoin. Cicéron disait déjà, en parlant des Siciliens : « Quoniam hæc a majoribus constituta accepissent, testimonium ne quod dicerent. » Ils sont toujours les mêmes. Le

Sicilien a horreur de témoigner en justice; ce n'est pas seulement la crainte de la vendetta qui l'arrête, c'est une sorte d'instinct chevaleresque qui lui enjoint de prendre parti pour l'accusé, instinct que des siècles d'oppression ont fait passer dans le sang. Autrefois la bastonnade déliait les langues. Le témoin bâtonné se jugeait quitte envers le criminel poursuivi; il cédait à la force. Aujourd'hui que la bastonnade est abolie, on a une peine infinie à faire une instruction. Les jurys prononcent des acquittements scandaleux. Il est arrivé, dit-on, que des gendarmes mettant la main sur un bandit très-redouté, l'aient laissé évader pour pouvoir se servir contre lui de leurs armes. Quand le Sicilien ne baissera-t-il plus les yeux et ne détournera-t-il plus la tête en entendant un coup de fusil? Quand on lui apprendra que l'homme a des devoirs envers la société, et qu'on doit à la justice toute la vérité. Ce pauvre peuple, naturellement bon, courageux, a vécu dans la *malaria* morale. Il a vu le brigandage honoré, courtisé; les voleurs de grand chemin convertis en héros; la justice vénale; la police tyrannique. Son esprit restait une nuit noire, dense, traversée seulement de quelques images historiques, religieuses, légendaires. Pas de livres, de journaux, d'écoles. Peu de routes, les villages vivant dans un isolement sauvage, livrés à des partis, à des haines séculaires; chaque maison surveille la maison voisine. Imaginez ces existences dans les plateaux de l'intérieur, sans la vue de la mer qui parle de l'infini, des blanches voiles latines qui glissent gaiement. Des terres houleuses, de grands murs épais de roches calcaires, d'albâtre, de gypse, que pas un arbre, pas une fleur ne décorent; des ondulations monotones, des lignes immenses et pourtant sans grandeur, remuées, agitées; un paysage triste, austère, sans douceur, sans belles lignes horizontales.

A Lercara, nous visitons des mines de soufre; rien ne saurait s'imaginer de plus grossier, de plus barbare. On fouille le sol au hasard. Point de machines pour extraire le beau minerai doré; des enfants emportent les morceaux, au jour, en courant, comme des animaux agiles, sur les grands escaliers boueux. Le soufre est fondu dans de grands tas qu'on nomme les *calcarone*. Quel combustible pensez-vous qu'on emploie pour opérer cette fusion? Le soufre même. Il en résulte une perte de 5o p. 100; mais le soufre est encore ce qu'il y a de plus économique. Le charbon anglais, qui a monté les rampes des montagnes depuis Palerme dans les petites charrettes à deux roues, le seul véhicule du pays, revient à quatre-vingts francs la tonne à Lercara. On construit un chemin de fer qui desservira les deux ports de Palerme et de Girgenti, les deux grands débouchés de Lercara. La construction de la voie dans des terrains très-glaiseux est lente et difficile; mais les chemins de fer opéreront une révolution dans ce pays. Le soufre est une richesse sans limites, un monopole de la Sicile; quand on le transportera aux ports à bon marché (aujourd'hui il y va à grands frais, à dos d'âne, dans de petites charrettes), quand on pourra apporter le charbon, le bois, le fer aux centres d'exploitation, l'intérieur de l'île se transformera. On commence à installer des machines d'extraction, d'épuisement, à Lercara : nous y vîmes un jeune ingénieur français des plus intelligents, M. Morris. Lercara est un des lieux les plus désolés qu'on puisse voir : des rues étroites, infectes, que la pluie seule vient laver; un plateau élevé (six cents mètres), sans verdure, corrodé par les émanations des *calcarone,* couvert de haldes jaunâtres ; au-dessus, un ciel gris couvert des nuées qui s'amassent au centre de l'île, à la jonction des courants d'air de la mer Éolienne et de la mer de Libye. Nous reçûmes une hospitalité des plus cordiales chez don Marcello F......., le receveur des finances, administrateur en même temps des biens de la famille d'Aragona. Je me couchai de bonne heure dans une petite chambre basse.

Je fus bien heureux de me lever à quatre heures du matin. Les chevaux étaient prêts; notre conducteur, don Santo, dans son uniforme et sur son siége. Le froid était intense; la petite ville dormait encore; chaque maison de pierre semblait un tombeau. Le soleil se lève dans un ciel gris ; il semble qu'on assiste à la création du monde. Les terres semblent émerger dans la lumière ; les longues ombres sinistres, froides, se dissipent. Les collines d'albâtre étincellent comme des débris de statues colossales. On passe au-dessous de la cime neigeuse de Camarata ; on traverse Casteltermini, une ruche de pierre ; on relaye en face d'Aragona, une ville grise qui se détache sur une verte colline. On arrive enfin à deux heures devant Girgenti ; nous y recevons l'hospitalité magnifique du baron G......

On nous conduit d'abord à la cathédrale, une église du treizième siècle, restaurée, défigurée, sans style, remplie de grands pilastres peints, d'autels, de miroirs, de verroteries. La foule nous suit : les femmes, la tête enveloppée de châles, s'assoient sur les marches des autels ; les enfants, les chiens courent en tous sens. Nous avons quelque peine à bien examiner le sarcophage antique qui sert de baptistère. On a enlevé les planches de bois qui protégent les quatre faces. Les deux grands bas-reliefs représentent Hippolyte au moment de partir pour la chasse ; le second, Hippolyte chassant le sanglier. Les deux bas-reliefs carrés des côtés figurent, l'un la mort d'Hippolyte, l'autre Phèdre au milieu de ses femmes. Ce dernier est une merveille ; la reine, assise, presque évanouie, semble repousser d'un bras l'A-mour ; l'autre bras est tendrement porté par une femme; la suivante est derrière, elle a reçu le secret fatal qui vient d'échapper à sa maîtresse; cependant des jeunes filles jouent de la cithare et se tiennent respectueusement devant leur souveraine. Phèdre n'a rien de l'antique matrone, vigoureuse, hardie; sa beauté presque fragile, sa grâce exquise ajoutent je ne sais quoi de plus poignant à l'émotion. On la plaint; elle ne succombe pas aux ardeurs viles d'une Messaline, elle est comme une fleur penchée sur le précipice; elle brûle d'une flamme éthérée; elle est déjà coupable, elle est encore chaste. Ce petit bas-relief est aussi pur, aussi beau que tout ce que l'antiquité nous a transmis; je ne puis en dire autant des trois autres. La scène où Hippolyte, prêt à partir avec ses compagnons, reçoit le secret de la bouche de la suivante qui se hisse à son oreille, est belle encore. Les jeunes et farouches chasseurs ont bien les têtes grosses, les torses un peu épais; mais Hippolyte, la lance en main, la tête détournée, ne manque pas de grandeur. Ses amis, impatients, retiennent les chevaux et les chiens. Il semble presque impossible que la chasse d'Hippolyte soit de la même main. L'anatomie est beaucoup moins parfaite : tout est rude et presque inachevé. La mort du fils de Thésée n'est guère qu'une ébauche. On croit que ce sarcophage est une copie faite par des ouvriers siciliens de quelque œuvre grecque célèbre; on expliquerait ainsi qu'il y ait de telles dissemblances d'exécution entre les diverses parties. Les Grecs de Sicile, on le sait, raffolaient d'Euripide; les Syracusains donnèrent la liberté à des prisonniers qui déclamaient des vers de leur poëte favori. Mais si le sarcophage de Girgenti n'est qu'une copie, comment n'a-t-il jamais été fait mention de l'original?

En sortant de la cathédrale, je vais me promener sur la grande terrasse de Girgenti et contempler la vue admirable dont on y jouit. Sur toute cette côte, des couches de grès plein de coquilles ont été relevées sous une assez forte inclinaison; elles descendent vers la mer en tables solides et épaisses, pareilles aux marches d'un escalier qui seraient inclinées. La plus élevée est la *Rupe Atenea,* où se voyaient les temples de Minerve et de Jupiter Atabyrius; au-dessous est la ville moderne, sur l'emplacement de laquelle était le temple de Jupiter Polieus, dont il y a encore quelques colonnes enfouies dans les fondations d'une petite église. Sous cette deuxième marche d'escalier, où se trouve comme suspendue l'Agrigente moderne, enfermée dans ses hautes murailles, une marche plus basse porte une série de temples ruinés, solitaires, qui tracent une longue ligne parallèle à la mer; plus bas encore, une quatrième marche gigantesque, nue, large de plus de deux kilomètres, va droit à la mer et trace une longue ligne unie sur le fond bleu des eaux. Ces grands plis, traversés par deux torrents, l'Acragas et l'Hypsa an-

tiques, qui ne se réunissent que sur la pente inférieure, ont une ampleur et une majesté singulières.
La pente énorme qui va du sommet de l'île à la mer
a de grandes cannelures comme une colonne dorique.
En ce moment, la ville moderne semble en feu; le
soleil couchant fait saillir les bastions anguleux des
hautes murailles, allume des éclairs aux fenêtres,
découpe sur le fond violet du ciel des silhouettes bizarres d'églises, de maisons, de murs, de terrasses;
les rouges échancrures du rocher, où les couches inclinées se dessinent comme les feuillets d'un livre,
sont couvertes d'une chevelure emmêlée de cactus.
A mes pieds, dans une lumière plus adoucie, plus
vaporeuse, les temples roses sortent leurs colonnes
et leurs frontons d'une mer de verdure; les voilà
rangés en ordre comme les sentinelles d'une armée
atteintes par le sommeil. Comme ces grands blocs
épars, qui d'ici ne semblent que des taches légères,
attirent mes regards! Il semble que le soleil couchant
ait pour eux de plus douces caresses! Au delà des
molles ondulations où court la ligne des temples, la
longue rive déserte s'étend comme une ceinture vaporeuse; la mer, enfin, projette aux bouts de l'horizon son grand arc assombri. Quelles fatigues re-
gretterait-on devant un tel tableau? Il semble qu'ici
l'on soit quelque chose de plus qu'un homme. Je
vois l'Olympe, les dieux d'Homère; une frange d'é-
cume ne pourrait-elle plus déposer Vénus sur cette

rive sacrée? Cette mer qui fuit si loin dans le ciel, est-il vrai qu'elle touche à l'Afrique? Carthage m'apparaît au loin; je revois les flottes lentes, les vaisseaux à la proue élevée qui se sont disputé l'empire de ces eaux azurées. Je pense à Rome; mais non, Rome est trop près : je ne veux songer qu'à l'heureuse Hellade, à cette civilisation qui vivait de beauté, aurore de l'humanité, sans nuages, sans trouble, sans remords. Moins puissante que Syracuse, Agrigente était pourtant une des plus belles villes helléniques. C'était une fille de Géla, fille elle-même de Syracuse. Elle grandit rapidement, et devint le port principal de la rive méridionale. Son premier *tyran* fut Phalaris. C'était un Crétois, un architecte : chargé de construire le temple de Jupiter Polieus, il changea ses maçons en soldats, et se rendit maître de la ville pendant une fête de Cérès. Sa mémoire est encore maudite : tout le monde connaît le taureau de Phalaris, où le tyran aurait fait mourir d'abord Perillus, celui qui avait fondu le monstre de bronze. Dédale, fuyant la Crète, fut recueilli, suivant Diodore, par le roi sicanien Cocalus, qui avait bâti une forteresse sur la colline de Cacimus. Le minotaure était Crétois, parent peut-être des Moloch, des dieux monstrueux et cruels de Carthage. Le taureau de Phalaris n'est-il qu'un souvenir symbolique de la lutte entre les dieux de la Grèce et ceux de l'Afrique? entre les divinités qui voulaient des sacrifices humains et celles qui se contentaient du sang des bœufs, des agneaux? Lucien, qui était un libertin, un philosophe, a deux dialogues sur le taureau de Phalaris : il imagine que le tyran d'Agrigente envoie cet instrument de torture à Delphes; les prêtres remercient les envoyés au nom du dieu. Diodore affirme que le taureau exista; il raconte qu'Himilcon l'emporta à Carthage, que Scipion, après la prise de cette ville, le renvoya aux Agrigentais [1].

On aime aujourd'hui à réhabiliter les tyrans : Phalaris a aussi le profit de cette mode. On avoue bien qu'il était cruel; mais, vivant six siècles avant notre ère, il était de son temps. Il recherchait les philosophes, les artistes. Il fut clément comme Auguste, pardonna à Ménalippe et Chariton, couvrit d'honneurs Stésichore, qui avait raconté aux gens, d'Himère la fable du cerf et du cheval pour les empêcher de demander des secours à Phalaris; il donna l'hospitalité à Zénon l'Éléate, à Pythagore même, écouta les remontrances de ces *prophètes* errants de l'Hellade. Il se plaignait à Pythagore des soucis de la tyrannie. « Qui voudrait naître, s'il con-

---

[1] Cicéron. In quibus etiam ille nobilis taurus, quem crudelissimus omnium tyrannorum Phalaris habuisse dicitur, quo vivo, supplicii causâ, demittere homines, et subjicere flammam solebat. Quem taurum Scipio quum redderet Agrigentinis dixisse dicitur. (*De Signis.*)

naissait les tourments de la vie? Mais une fois né,
qui veut mourir? Personne de même ne voudrait
être tyran, s'il connaissait d'avance les soucis de la
tyrannie; mais celui qui l'est devenu ne peut plus
cesser de l'être[1]. »

Phalaris mort, et la tradition veut qu'il ait été
lapidé par le peuple, Agrigente redevint une répu-
blique démocratique. Quand Gélon se fit tyran de
Syracuse, Agrigente se donna un nouveau tyran,
Théron. Leur alliance porta la Sicile au comble de
sa puissance. Carthage fut vaincue à Himère; les
Carthaginois prisonniers furent employés à bâtir les
principaux temples d'Agrigente. Les habitants de la
ville, riches, vivaient dans la pourpre; toute la
campagne était couverte de vignes, de vergers. Des
fêtes magnifiques amusaient le peuple. Pindare,
Eschyle, Simonide étaient les hôtes du tyran. —
Après lui, Empédocle donna à la ville une sorte de
constitution; l'aristocratie et le peuple se parta-
geaient le pouvoir. Il faut se figurer le grand philosophe, vêtu de longs vêtements de pourpre, avec un
collier d'or, des cheveux flottants, suivi de beaux
jeunes gens. La philosophie positive n'invente rien
quand elle veut faire des savants les conducteurs des
hommes. Empédocle, qui s'érigeait en demi-dieu,
était un savant, un médecin; il avait assaini la

---

[1] *Vie de Pythagore,* par Jamblique.

plaine fiévreuse de Sélinonte; il fit couper une montagne pour donner le vent du nord à Agrigente; il se donnait à lui-même le nom de Jupiter, traitait les rois, Philippe de Macédoine, Agésilas de Sparte, d'égal à égal. Il fit des miracles, ressuscita une femme, disparut miraculeusement; la légende le montre se précipitant dans l'Etna. Il reçut des honneurs divins à Sélinonte; Agrigente lui éleva une statue qui plus tard fut transportée à Rome, et placée devant la curie. Philosophe, oracle, charlatan! Le port d'Agrigente se nomme encore le port d'Empédocle. J'ai vu dans la rue principale un café d'Empédocle. Le peuple est fidèle.

Comme Venise, comme toutes les républiques aristocratiques, Agrigente se corrompit par la richesse. Diodore se complaît à peindre son luxe, il n'oublie rien; on peignait les enfants riches avec des peignes d'or. La ville donna un jour à Exénète, vainqueur dans une course, trois cents paires de chevaux blancs. Gellias avait dans ses caves trois cents tonneaux de pierre pleins de vin. La fille d'Antisthène allait à l'autel, le jour de son mariage, suivie de huit cents chars remplis d'invités. Mais Carthage devait punir Agrigente de sa prospérité! La chute de la cité, presque amollie, efféminée, fut terrible. Cette ville de huit cent mille âmes ne sut pas se défendre; les sentinelles réclamaient, dit l'histoire, un matelas, une couverture, deux oreillers. Sans les mercenaires de Sparte, on n'aurait pu offrir aucune résistance sérieuse. La peste fut l'ennemi le plus terrible des assiégeants, campés au pied des hautes murailles dont on voit si bien les restes en avant des vieux temples. Quand les vivres furent épuisés dans la ville, les mercenaires désertèrent; le peuple entier, hommes, vieillards, enfants, quitta la ville, de nuit, sous la conduite des derniers soldats, dans les larmes, les gémissements, et prit le chemin de Géla. Beaucoup restèrent, qui se donnèrent la mort. Himilcon entra le matin dans la ville muette, abandonnée; tout ce qui restait fut passé au fil de l'épée. Gellias, dit-on, réfugié dans le temple de Minerve, voyant venir les Carthaginois, y mit le feu de sa main. On imagine ce que fut le butin dans cette ville, la plus riche des colonies grecques. On emporta tout ce qu'on put sur les vaisseaux. La ville fut rasée, et l'armée féroce des Africains se vengea sur des pierres de ses souffrances, de ses terreurs et de ses fatigues. Les temples ne furent pas respectés; ce que le feu avait laissé fut livré au marteau. Il ne resta debout que ce qu'épargnèrent des bras lassés de détruire. Il faut penser à cela quand on parcourt les vieux temples doriques; songer que cette beauté n'est qu'une beauté souillée, mutilée, que ces pauvres pierres ont plus souffert encore des hommes que du temps. Le temps, sous ce ciel si doux, est clément; il ronge à peine les angles, les cannelures ; mais où l'homme passe, sa fureur enfantine ne connaît point de merci. Carthage piétina sur le cadavre d'Agrigente assassinée, violée, arracha ses beaux membres, voulut la rendre de suite méconnaissable. En face de ces ruines, on pardonne le « Delenda est Carthago ». Et que reste-t-il de Carthage ? Pas même une ruine : un nom exécrable et maudit !

La nature est meilleure que les hommes ; de quelle parure merveilleuse elle enveloppe ces grands tombeaux d'une religion antique ! Le feuillage argenté des oliviers, les fleurs roses de l'amandier, les vertes pousses des figuiers, les hautes herbes, les fleurs sauvages remplissent le grand cimetière. Le soleil dore et caresse les vieilles colonnes ; les rayons glissent dans les fines cannelures et sur les gorgerins ; ils s'enroulent sur les chapiteaux doriques, coussins de pierre qui portent les grands entablements pensifs.

Voici tout ce qui reste du temple de Castor et de Pollux : au milieu d'un pré, quatre colonnes portent quelques pierres de l'architrave et de la frise ; on aperçoit encore çà et là sur la pierre rugueuse des débris de stuc antique, quelques couleurs, un peu de bleu, de rouge de brique. Ce temple avait treize colonnes dans sa longueur, six sur les façades. Un peu plus loin, gisent en désordre les restes du fameux Olympion ; des mains pieuses ont mis les uns à côté des autres les morceaux d'un des Atlantes gigantesques qui soutenaient la cella : à peine l'œil peut-il reconnaître une cariatide dans ce grand monstre couché sur le dos, aux jambes noueuses, aux bras ramenés au-dessus de la tête. Pas une colonne n'est debout. Ce temple remonte à l'époque où les Grecs cherchaient encore dans la grandeur brutale un élément de beauté. On l'a mesuré, il dépassait la Madeleine de Paris en superficie; quelques chapiteaux qui gisent par terre ont enfoncé le sol de leur masse énorme. Les colonnes n'étaient pas libres, elles étaient à demi engagées comme des pilastres dans le mur. L'art est encore ici monstrueux, gauche, sans grâce; il rappelle les constructions massives de l'Orient. J'aperçois sur quelques débris des plis de draperies; mais nulle figure, nulle forme humaine n'est restée visible. Presque tous les blocs portent les entailles en fer à cheval où l'on passait les câbles qui servaient à soulever les pierres. Je m'assieds un moment sous un caroubier, au-dessus d'une véritable mer de pierre; on dirait des blocs charriés dans une débâcle : ils se hérissent, surgissent en tous sens. Que de siècles ont passé sur ces débris mutilés! L'imagination essaye de les relever, de refaire ces murailles majestueuses; elle prend des couleurs à la terre, au ciel, pour les en revêtir; elle relève les géants qui portaient le toit, puis tout retombe. On ne voit plus que les blocs immobiles inclinés les uns sur les autres, les mousses qui les rongent, les petites herbes qui s'y sont logées, les fleurs innocentes, les ombres que projette le soleil en sa marche monotone.

L'Olympion fut bâti après la grande victoire d'Himère. L'Hellade célébrait partout son triomphe; elle élevait à Athènes le Parthénon, à Sélinonte un autre Olympion, à Olympie le temple de Jupiter, à Phigalée le temple d'Apollon, à Argos le temple de Junon. La défaite des Carthaginois à Himère et celle des Perses à Salamine avaient établi la suprématie de la Grèce. Les noirs nuages venus de l'Asie, de l'Afrique étaient dissipés. Le lourd Olympion d'Agrigente fut bâti lentement; il s'élevait seulement jusqu'au toit en 406, quand la malheureuse ville fut prise et détruite. Voici ce qu'en dit Diodore un siècle après :

« La construction de leurs temples, surtout de celui de Jupiter, manifeste la magnificence des Agrigentins à cette époque. Des autres temples, les uns furent brûlés, les autres totalement démolis dans les fréquentes prises de la ville. Mais le temple de Jupiter Olympien allait recevoir son toit quand son achèvement fut arrêté par la guerre. Depuis l'époque de la destruction de leur ville, les Agrigentais n'ont jamais été en mesure d'achever les édifices alors en construction. Ce temple a une longueur de trois cent quarante pieds, une largeur de cent soixante et une hauteur de cent vingt, sans compter la base. C'est le plus grand de tous les temples de Sicile, et pour la grandeur des proportions on peut le comparer à ceux des pays étrangers. Bien que le plan primitif n'ait pu être complété, les intentions et l'arrangement sont clairement manifestes. Tandis que les uns élevaient des temples avec de simples murailles, que les autres les entouraient de colonnes, ce temple participe de ces deux modes de construction; car les colonnes étaient engagées dans la masse des murailles et arrondies extérieurement, mais elles avaient une face carrée à l'intérieur du temple. Leur circonférence à la partie extérieure était de vingt pieds, de façon que le corps d'un homme pouvait entrer dans une cannelure; et la partie interne mesurait douze pieds. La grandeur et la hauteur des portiques étaient merveilleuses. Sur la partie qui fait face à l'orient était représentée la bataille des dieux et des géants, admirable pour sa grandeur, sa beauté, pour l'excellence du travail; sur le côté ouest, la prise de Troie, où chacun des héros, sculpté avec soin, se reconnaissait à ses caractères particuliers. »

Polybe vit encore le temple debout; les tremblements de terre, les Sarrasins le démolirent peu à peu. En 1401, trois des grands Atlas, les seuls qui restaient encore debout, s'écroulèrent. Le temple devint une carrière : les pierres du môle de Girgenti, bâti sous Charles III de Bourbon, en viennent.

En suivant la ligne des temples, j'arrive à celui d'Hercule : — mais qu'on n'attache pas trop d'importance à ces noms, que l'archéologie change de temps en temps. La base du temple, dont les cinq marches sont nettement dessinées, est couverte de débris de colonnes écroulées ; une seule reste debout à l'angle d'un fronton, découronnée, sans chapiteau, sentinelle du passé. Au pied de l'escalier et sur les marches mêmes gisent aussi des débris ; tout auprès de la colonne solitaire, un olivier laisse pendre son feuillage clair-semé, bicolore ; au bord d'une coupure du terrain, les aloès tordent leurs feuilles aiguës ; les fines graminées caressent les cannelures et les débris de la frise, où se voient encore quelques traces de couleur pourpre. Après l'Olympion, le temple d'Hercule était le plus grand d'Agrigente : il était hexastyle périptère, avait quinze colonnes dans la longueur, six dans la largeur. Les chapiteaux doriques ont cette courbe inexprimable, où l'on sent une certaine mollesse en même temps que la force extrême, comme d'une chair ferme et dure ; quatre fines raies y sont tracées à la partie inférieure de la large et pleine échine. La hauteur des colonnes avec le chapiteau égale quatre fois et demie seulement le diamètre de la base (38,2 palmes) ; il en résultait une impression de vigueur extraordinaire, ainsi que du large entablement qui avait près de la moitié de la hauteur des colonnes. La frise, l'architrave étaient enduites de peintures rouges, bleues, noires, blanches.

La *cella* hypèthre renfermait la célèbre statue d'Hercule que Verrès tenta de dérober. Cicéron raconte que le pied de bronze était usé par les baisers des adorateurs du dieu de la force. Le temple fut attaqué la nuit par les satellites de Verrès; les gardiens furent repoussés. On brise les portes; on va enlever la statue, quand les Agrigentins, réveillés dans leur sommeil, arrivent en foule et mettent en fuite les voleurs. Ce Verrès avait organisé le pillage systématique de la Sicile : on ne peut faire un pas en Sicile sans rencontrer sa trace. C'est le plus illustre bandit de l'histoire. On comprend bien, en relisant le plaidoyer de Cicéron, à quel degré d'abaissement la pauvre île fut réduite sous la cruelle domination de Rome. Ce Verrès d'ailleurs était un artiste, un collectionneur; il savait choisir, il aimait le beau. Si ce préfet intelligent paraît avoir eu une préférence pour les objets sacrés, ce n'était pas pour le plaisir d'outrager les dieux, mais seulement parce que les plus belles statues étaient dans les temples. Il serait peut-être temps qu'on le réhabilitât, après Phalaris, et qu'on dît son fait à Cicéron, qui, à propos de cette statue même d'Hercule dont nous parlons, avoue qu'il n'entend pas grand'chose aux beaux-arts : *Ta-*

metsi non tam multum in istis rebus intelligo, quam multa vidi.

Il y avait en outre, dans le temple d'Hercule, une Alcmène de Zeuxis. Suivant Pline, l'artiste avait été si charmé de cette œuvre, qu'il n'avait pas voulu y attacher un prix et l'avait donnée au dieu.

Par un sentier bordé de fleurs, parmi des arbres charmants dont le feuillage printanier, jaunâtre encore et comme lavé par des mains invisibles, luit gaiement au soleil, nous montons le léger renflement qui domine le temple de la Concorde. A quelque distance, il est si beau qu'on n'a point envie d'approcher. Sur l'ombre calme et noire du péristyle se détachent les six colonnes du fronton. Le temple est entier ; la colonnade latérale fuit jusqu'au fronton postérieur, aussi debout. Pourquoi ces colonnes sans base, avec ce lourd turban du chapiteau couvert d'un énorme dé carré, semblent-elles presque aériennes ? Est-ce parce qu'elles semblent sortir du rocher et participer de sa force sans limites ? parce que les cannelures font onduler leur masse arrondie ? ou plutôt parce qu'une lumière éthérée les transfigure, les soulève, les irradie ? La grâce ne se mesure pas au compas. Les feuilles d'acanthe du chapiteau corinthien peuvent-elles bien soutenir les lourdes assises d'un entablement ? On s'attend à les voir plier, se rompre ; mais l'anneau dorique est résistant, sa courbure le fait croire élastique. Comme l'œil jouit de cette vie de la pierre, de cette pureté de lignes! L'ombre accentue tout; elle fait saillir la forte corniche, elle dessine les gouttières des triglyphes, les petites perles qui semblent en dégoutter; elle infléchit les chapiteaux, les cannelures; elle oppose de sombres plans à la pierre étincelante, aux doux rectangles d'azur des entre - colonnements; elle équarrit les quatre marches qui soutiennent tout l'édifice comme un piédestal. Le christianisme a sauvé ce temple merveilleux en changeant la cella en chapelle. Tout est debout, les trente-quatre colonnes antiques, les deux frontons[1]; il ne manque que le toit. Dans la cella, on voit encore jusqu'aux escaliers qui conduisaient sur le toit. On ne peut voir un temple dorique plus complet, plus parfait. Sur toutes les colonnes, on aperçoit encore des portions revêtues du fin enduit blanchâtre qui couvrait jadis toute la pierre.

Un peu plus loin est le temple de Junon Lucinie.

Les frontons sont écroulés; mais les colonnes sont debout, et tout un côté du temple supporte encore l'entablement; l'autre côté, avec les murs de la cella, a été renversé par un tremblement de terre. Ici aussi, il y avait un portique de trente-quatre colonnes à vingt cannelures, treize colonnes sur la longueur, six sur les frontons. Comme celles du temple de la

[1] Les colonnes ont vingt cannelures; leur hauteur est à peu près égale à cinq fois le diamètre de la base.

Concorde, les colonnes ont un peu plus de légèreté que celles du temple d'Hercule. Il y a comme une gradation de légèreté depuis le lourd et énorme Olympion jusqu'au temple de Junon, qui est peut-être en relation mystique avec l'altitude, car la pente s'élève toujours à partir de l'Olympion. Les colonnes isolées du temple de Junon semblent presque grêles détachées sur le fond du ciel. C'est ici que Zeuxis avait mis sa célèbre statue de Junon, pour laquelle avaient posé, dit-on, les plus belles filles d'Agrigente.

La vue de ce point est admirable. Le temple de la Concorde s'élève au-dessus d'une épaisse verdure; on aperçoit l'ancienne muraille demi-écroulée, percée de niches, de trous de columbarium. Au pied, des pentes couvertes de fûts de colonnes, de blocs, la plaine verte où campèrent les Carthaginois, et la ligne majestueuse de la mer parallèle à la ligne des temples. Quel calme en ce beau lieu! quelle douceur et quelle quiétude sur cette rive bénie, d'où n'approchent plus la guerre, l'horrible invasion et les flottes ennemies! Mais qui désormais jouira de cette paix? Où sont les richesses qui paraient ces temples? Qui de nous peut seulement bien comprendre cette géométrie sacrée, cette esthétique oubliée et naïve, cette simplicité sublime? Nos âmes sans cesse remuées ne savent plus jouir pleinement de ces formes sans flexions, qui ont la fixité de l'éternité; elles ne connaissent plus le charme de la symétrie parfaite, elles soupçonnent sans le comprendre le mystère qui dort depuis des siècles dans des pierres qui ne sont plus qu'un masque sans vie.

7 avril. — En revenant de Girgenti à Palerme, on couche à Casteltermini; nous y recevons l'hospitalité cordiale du comte L..... Dîner de deux heures et demie. La fatigue nous empêche d'entendre les chansons d'une jeune Grecque que notre hôte a fait venir pour la soirée. On se lève de bon matin, à cinq heures, et l'on retourne par la même route à Palerme. Longue journée; les chevaux des carabiniers font un nuage de poussière autour des voitures. Nous revenons par une chaleur africaine, poudreux, exténués.

10 avril. — J'accompagne la princesse C...... au Pellegrino : des ânes nous attendent au bas de la montagne. La route monte en zigzag jusqu'au sommet : partout des pierres grises, blanches, luisantes; la montagne n'est qu'une masse de marbre; des chèvres grimpent parmi les blocs anguleux; cent chasseurs épars, fusil en main, guettent vainement une caille. Nous allons voir la grotte de Sainte-Rosalie. Pendant qu'un prêtre dit la messe devant la sainte, tout étincelante d'or, des chiens entrent en courant, s'abreuvent bruyamment à la source; des gouttières de fer-blanc courent en tous sens pour recueillir les eaux qui suintent partout sur le plafond moisi de la grotte. Un peu plus loin, au sommet

d'un cap qui domine la plaine immense de la mer,
est une statue colossale de la sainte de Palerme. La
tête, abattue par la foudre, est tristement gisante.
On ne pense plus à la relever. Trois fois la foudre
l'a abattue, la foudre de l'antique Jupiter! La sainte
décapitée domine toute la contrée, comme une sorte
de Niobé chrétienne. A cette hauteur, les blanches
voiles des navires semblent des cygnes qui flottent
dans l'azur; tout au loin, derrière les montagnes de
la côte et de l'intérieur, se lève l'Etna comme un
blanc fantôme.

La haute masse du Pellegrino est un promontoire
détaché qui surmonte d'un côté la mer, de l'autre
la plaine de Palerme et le vallon de la *Favorite*. Les
jardins de ce lieu de plaisance royal, aujourd'hui
presque abandonnés, n'en ont que plus de grâce.
Je les visitai peu après avec la princesse C.......
Le printemps célébrait son mariage avec le soleil;
les orangers, blanchis de fleurs, alourdissaient la
chaude atmosphère de parfums presque étouffants.
Nous cherchions dans les grands prés des glaïeuls
rouges, des orchis. Les buis, les caroubiers, les
chênes verts, les lauriers, pressaient leurs feuillages
denses, d'un vert si sombre. Les arbres de Judée
semblaient de grands bouquets violets. Je vois encore d'énormes cyprès dont le feuillage dru était taillé
en colonnes, et de longues guirlandes de roses qui
grimpaient jusqu'à leur sommet avec une grâce fière

et sauvage, comme pour se jouer de la symétrie. Je ne parle pas du palais de la Favorite, un kiosque chinois agrandi, hideux, peint de toutes couleurs, quelque chose comme un café-concert; mais les jardins, dans leur abandon, ont un charme inexprimable : je les aime mieux ainsi que servant de décor à une cour.

14 *avril.* — Nous sommes retournés au Zucco avec la princesse C....... Elle veut visiter les ruines de Ségeste. Le temple est devant nous, et par le temps clair on l'aperçoit comme une tache légère. Une ligne droite à travers cette grande vallée unie nous y conduirait en une journée, mais il n'y a pas de route de voiture; il faudra faire tout le tour de la *conque,* suivre la racine des montagnes. La chaleur est devenue accablante. Nous traversons Partenico, un village de pierre, sordide, dont le nom seul est enchanteur. Le long des champs d'oliviers, des vignes, des haies poudreuses de cactus informes, des aloès, sur de mauvaises routes, nous avançons en soulevant des nuages de poussière. Alcamo est le terme de la première étape! De sa terrasse on aperçoit l'immense tapis qui se déroule jusqu'aux montagnes violettes, rayé de bleu, de rose, de lilas, de pourpre, véritable océan d'arbres, ondulé, traversé de longues ombres horizontales, piqué çà et là de blanches maisons. Des chevaux viennent boire à l'abreuvoir, au-dessous de la vieille

muraille arabe, dont les créneaux déchirés sont couverts d'herbes parasites. La rue étroite d'Alcamo, toute droite, sépare comme une coupure profonde deux rangées de maisons hautes, percées de noires fenêtres, de portes ouvertes; des charrettes enluminées, des hommes vêtus de sombre drap noir, des prêtres, des femmes jaunes, maigres, desséchées par la fièvre, la remplissent. J'admire, à deux pas de l'auberge, dans une petite rue latérale, emplie de fumier, une charmante porte gothique, couverte d'arabesques, de festons, de feuilles d'acanthe. Au coin d'une maison banale, une petite colonne antique en marbre. Je m'égare dans des ruelles horribles, où des enfants gisent dans la boue le long de petites cases blanchies, qui n'ont qu'une porte et une fenêtre. Des flaques infectes, noires, irisées par les eaux ménagères, emplissent l'air d'odeurs alliacées qui serrent la gorge. Sur le seuil des maisons, des femmes pâles me suivent, sans tourner la tête, de leur grand œil sombre et farouche. La misère de ces villages est horrible. Rien ne lave ces écuries humaines, cette fange séculaire; les âmes appesanties, endormies par l'ardeur d'un soleil sans merci, se livrent sans défense à la destinée. Quand il a péniblement brisé le rocher, remué la terre desséchée qui entoure les orangers et la vigne, l'homme essuie sa sueur et ne connaît qu'une volupté, le repos. Après un méchant dîner, nous écoutons quelque temps des musiciens qui sont venus nous donner un concert. Cette musique arabe, monotone, mélodique, accompagnée de basses pédales, me prépare au sommeil; mais il faut renoncer à dormir dans les lits d'Alcamo. J'avais allumé une chandelle pour tenir en respect les insectes nocturnes, rien ne fit, toute la nuit j'en fus dévoré; puces, punaises, petites fourmis noires ne me laissèrent pas un instant de repos. Dans les chambres voisines, j'entendais de temps en temps les soupirs, les exclamations d'un de mes compagnons de voyage. Quelle nuit! Je me levai à quatre heures, marbré des pieds à la tête, la tête en feu, le sang échauffé. Nous allâmes au bout de la grande rue d'Alcamo prendre les mulets : en route pour Ségeste! La longue caravane (princesse C......, duc d'A....., comte de P..., duc de Ch....., duc de P......, prince Ph.... de C.... et moi), conduite par les *campieri*, était grossie de *compagni d'armi*, de lanciers d'escorte, de gens qui emportaient les provisions de bouche. Rien n'est charmant comme de voyager ainsi; on se joint, on se quitte, on est plusieurs, et on est seul. Le pas monotone du mulet me procure une demi-somnolence, et me promène le long des haies par des sentiers à peine tracés dans des champs et des prairies. Nous traversons à gué le Fiume Freddo, l'ancien Crinisus. Le dieu de ce torrent se fit, sous la figure d'un chien, aimer jadis de la nymphe Égeste; et on le voit ainsi représenté dans les médailles. Ce petit cours d'eau séparait, en 340 avant Jésus-Christ, l'armée de Timoléon et les Carthaginois d'Hasdrubal. Ceux-ci furent mis en déroute; le carnage fut grand : vingt-cinq mille Carthaginois furent mis hors de combat : les Syracusains ramassèrent dix mille boucliers jetés par les fuyards.

Un peu avant la bataille, quand les Grecs approchaient du Crinisus, ils rencontrèrent quelques mulets chargés de persil. Mauvais augure ! car c'était la coutume en Grèce de jeter du persil sur les tombeaux. Timoléon en saisit une poignée, et, en voyant le trouble des Grecs, s'écria : « Admirez le symbole corinthien de la victoire, l'herbe sacrée dont nous décorons les vainqueurs des jeux Isthmiques. Elle vient à nous d'elle-même comme un gage du triomphe. » Il mit du persil sur son casque, en distribua à ses officiers, et rendit ainsi la confiance à son armée.

Nous arrivons à un grand pli de terrain, couvert de maigres champs de blé, de pâturages et de champs de lin; des tables de marbre gigantesques descendent du cap San Vito; du côté opposé, sur une hauteur calcaire, se dresse le cirque de l'antique Ségeste. De la ville même, bâtie sur les pentes, rien ne reste. Sur une troisième hauteur, un peu plus éloignée, séparée de la montagne de Ségeste par une puissante ondulation, se montre le temple. Nous en approchons par

des prés épais, couverts d'herbes drues et dures, pleins
de belles-de-nuit, de chardons, de soucis, de hauts
asphodèles; çà et là quelques acanthes, semblables à
des chapiteaux corinthiens qui auraient dénoué leur
ceinture, des fleurs en grappe, demi-jaunes, demi-
violettes, dont j'ignore le nom, charmantes incon-
nues. Ce tapis rustique couvre toute la montagne;
au sommet se tient le vieux temple solitaire : pas
une demeure humaine n'est en vue; d'un côté, un
ravin immense, où s'aperçoivent des couches calcaires tourmentées et tordues; au fond, des murs de
rochers, droits, sévères, semblables à des entablements gigantesques. Quelle harmonie entre le paysage et l'art! tout est lourd, grave, solennel; partout
s'élèvent et ondulent de grands plis majestueux; l'œil
est partout arrêté par les lignes sévères des montagnes dénudées; d'un côté seulement une échappée
sur le golfe de Castellamare, et la plaine souriante
qui se découvre par-dessus le col de Ségeste.

Nous déjeunâmes gaiement dans le temple, assis
sur les vieilles pierres grises, sans souci de la majesté
du lieu. Je vois encore, à travers les lourdes colonnes
du fronton, les faisceaux des lances, les chevaux
sellés mordant les hautes herbes, les fusils gisant
sur l'herbe, le grand ciel bleu béant au-dessus des
entablements, les bandes bleues et roses de chaque
colonnade. La cella ne fut pas même commencée
dans ce temple; aucune trace de mur à l'intérieur;

on n'eut même pas le temps de raser la montagne au niveau de la marche la plus basse de l'escalier, de façon qu'un fossé règne tout autour du monument, et que de loin il semble sortir de terre sans piédestal. Ce n'est pas une ruine : tout est conservé; les blocs du stylobate portent encore des saillies destinées à le protéger contre le choc des roues. Les colonnes sont pleines, sans cannelures; la hauteur est un peu moindre que le quintuple du diamètre (sept pieds); elles ont un galbe très-accentué; l'entablement est très-massif; mais, en dépit de tout, la masse du temple ne semble pas trop lourde; la pierre est plus dure que celle d'Agrigente : c'est une dolomie que le temps a rosée et brunie.

L'impression du temple de Ségeste est sans pareille : à Agrigente, on aperçoit encore une cité humaine; ici, le désert. Pas une ville, pas un village, pas une maison. La chaîne des temps est rompue; l'imagination est emportée jusqu'à Troie : elle revoit Anchise, Énée, les vieillards, les femmes, que le héros troyen dut laisser en Sicile. L'Éryx est près d'ici :

> *Tum vicina astris Erycino in vertice sedes*
> *Fundatur Veneri Idaliæ.....*

Saint Julien a chassé Vénus; la montagne se nomme aujourd'hui San Giuliano.

Quel silence à présent sur la montagne de Ségeste, dans ces vallons muets et discrets! que de fois la guerre a jadis animé ces lieux! Il faut relire dans Thucydide la lutte de Ségeste et de Sélinonte, l'ambassade des Ségestains à Athènes, les discours de Nicias et d'Alcibiade, et la triste expédition des Athéniens. Ségeste se tourna vers Carthage : les armées puniques détruisirent Sélinonte, Himère, Agrigente; mais ces triomphes néfastes ne sauvèrent pas Ségeste[1]. Agathocle, revenant d'Afrique, se vengea des revers qu'il y avait essuyés sur la malheureuse alliée de Carthage; il massacra dix mille habitants, pilla, tortura, repeupla la ville avec des aventuriers. La ville fut encore une fois mise à sac par les Carthaginois, entre l'expédition de Pyrrhus et la première guerre punique. Elle se vengea en prenant parti pour Rome, qui la traita toujours avec douceur, lui rendit, après la prise de Carthage, la statue de bronze de Diane, qui lui avait jadis appartenu. Cicéron en vante la beauté; on l'avait remise sur un haut piédestal, sur lequel était gravé en grandes lettres le nom de Scipion l'Africain. A force de vexations, de menaces, d'exactions, Verrès se fit donner cette statue par les malheureux habitants de Ségeste : la statue de la vierge chasseresse alla orner son palais, « in qua semper meretricum lenonumque flagitia versantur ».

[1] Les vainqueurs entrèrent dans cette ville, la pillèrent. C'est à ce moment que les travaux du temple furent sans doute interrompus.

Ségeste végéta encore jusqu'au quatrième siècle de notre ère. Les Sarrasins sans doute en détruisirent les derniers restes; la ville n'existait plus quand vinrent les Normands.

Au retour, j'entends un des compagnons d'armes expliquer, en montrant la montagne qui fait face aux ruines de Ségeste, qu'il y a là une bande de six bandits *depuis 1860;* il en parle comme d'une chose toute naturelle; les pauvres diables! je ne puis m'empêcher de plaindre leur sort en contemplant leur triste prison de pierre. Ils font peu de mal, tâchent de se faire oublier.

Quatre heures à dos de mulet jusqu'à Alcamo, sur une selle incrustée de vieux clous qui se gravent dans mes jambes. Une chaleur lourde, étouffante, semble sortir du sol; les pans de rochers qui rayonnent, la route blanche, m'aveuglent les yeux. Que doit être une journée de juillet, d'août à Alcamo! Nous y retrouvons les voitures qui nous ramènent au Zucco.

23 *avril.* — Avant de partir, je retourne à la chapelle Palatine et aux Métopes. — Au-dessous de la chapelle Palatine, on conserve dans la crypte un christ de bois sculpté peint, celui de l'Inquisition. Car l'Inquisition a été un des présents que l'Espagne a faits à la Sicile; elle y a duré très-longtemps, jusqu'à la fin du siècle dernier. On le cache aujourd'hui aux yeux, ce christ qui a vu tant de supplices, en-

tendu tant de sanglots et de cris. Cette image fait peur, elle fait mal, elle fait détester l'Espagne. Qu'est-ce que celle-ci a donné à la Sicile ? Elle a rempli Palerme d'églises, de palais, mais elle a tué l'art : vous chercherez en vain le beau dans ces masses sans grâce, dans les richesses misérables des sanctuaires, des chœurs, des autels, des chapelles; on sent partout quelque chose d'infécond, de dur, une religion sans âme, sans idéal; la sévérité sans dignité, la richesse trompeuse, contente d'oripeaux, de dorures, de clinquant; nulle invention, une désespérante banalité, l'oppression complète de l'esprit. Certaines églises de Palerme me font penser à Mexico, aux villes espagnoles du nouveau monde, dernier, triste effort d'une foi cruelle qui avait éteint la flamme de l'esprit et allumé le feu matériel des bûchers. Les ruines, boucheries et massacres de l'antiquité, les violences de la force barbare, ne sont rien auprès de l'usure lente des caractères, des consciences, des pensées, produite par la tyrannie religieuse. Les plis de l'âme sont lents à s'effacer.

Les prêtres ne prêchent que le dogme de l'aumône : croyez et donnez; fermez la raison, ouvrez les mains; donner aux moines, c'est donner à Dieu, acheter le pardon de toutes les fautes. Cette morale, sans morale, est enfermée dans quelques formules; elle ignore le respect dû à la vérité, à la loi, à la liberté, à la vie humaine. Quelques vertus toutes barbares : le mépris de la mort, la fidélité; l'assassin, qui, pour quelques francs, consent à commettre un crime, mourra sans faire de révélations.

En 1863, on assassina en plein jour dans la rue de Tolède : dix-sept personnes furent frappées; deux, je crois, moururent; on arrêta onze hommes, et on en condamna sept : dans les débats, il fut établi qu'ils n'avaient reçu qu'un franc vingt-sept centimes.

Il y a quelques années, les boulangers s'étaient coalisés : le gouverneur, voyant la population mécontente, fit venir G....., le manutentionnaire des troupes, et lui demanda de faire du pain à bon marché : celui-ci eut peur, pria, céda enfin; le lendemain du jour où il mit du pain en vente, en pleine rue de Tolède, à deux heures, il était frappé et tué. L'assassin, comme toujours, échappa; à quelque temps de là, une patrouille trouva un homme qui râlait, frappé de treize coups de couteau. Il avait été laissé pour mort; il avoua qu'il était l'assassin de G.....; il l'avait tué pour le compte d'un honnête boulanger de la ville, pour qui il avait déjà commis trois autres assassinats; il l'avait tourmenté pour en tirer un peu plus d'argent, et celui-ci avait tenté de le tuer pour se débarrasser de demandes importunes. On tue rarement soi-même, cela salit les mains; on fait tuer. Il n'y a pas longtemps, un officier piémontais faisait la cour à une demoiselle de Palerme; il osa la demander en mariage au père; le lendemain, un prétendant sicilien le faisait tuer à coups de couteau.

En 1866, il y avait quatorze cent sept mandats d'amener, inexécutables dans l'île. Monreale, à la porte de Palerme, est encore un foyer de brigandage : la sécurité est pourtant bien plus grande aujourd'hui : on ouvre des routes, on fait des chemins de fer; le général Medici est ferme en même temps qu'éclairé; mais aussitôt qu'on sort de la capitale, il est prudent d'être armé.

Il n'y a que deux classes en Sicile : les nobles, les paysans; chaque hameau a donné son nom à un titre. La noblesse est pauvre, vit peu sur ses terres et les néglige; elle a des palais délabrés à Palerme; jadis elle allait se chauffer au soleil de la cour de Naples. Elle conserve encore un grand prestige sur le peuple, car elle n'a jamais entièrement séparé sa cause de la sienne; elle a toujours défendu les droits, les priviléges de l'île. Quelle est sa politique? Il serait difficile de le dire : elle veut avant toute chose l'autonomie sicilienne. J'ai vu des députés au parlement de Florence qui ne prenaient même pas la peine d'aller occuper leurs siéges; la mer, une affaire, la maladie d'un parent, les avaient arrêtés. On donne ces raisons très-sérieusement : c'est ainsi qu'on comprend la politique. Palerme n'a plus de vice-roi, de cour; Medici est un soldat; son salon est un club, où l'on fume en causant. Presque pas de bals, de grandes réunions. On ne cite aucune grande maison qui soit constamment ouverte. Point de haines politiques pourtant; les gens de tout bord vivent en bons termes, amis de l'ancien régime et amis du nouveau, libéraux et *codini*. Cela tient à un sentiment vague de solidarité, peut-être aussi à un fond d'indifférence, de prudence, de timidité politiques. On ne cite pas un Sicilien éminent dans le ministère ou à la Chambre.

Au moment de la conquête normande, la terre fut divisée en trois parts égales, pour le roi, les nobles, l'Église. La tenure de la terre devint et reste encore la tenure emphytéotique. L'occupant paye au propriétaire une rente perpétuelle, un *censo*. Pas de fermiers proprement dits; le paysan n'a point de capital; il tire de la terre tout ce qu'il peut; son droit payé, tout est à lui, olives, oliviers, sumacs, etc., ce qu'on nomme les *migliorie*, les améliorations. Les contrats l'obligent à *améliorer,* car les fruits sont l'hypothèque du propriétaire. En revanche, on n'a aucun recours contre l'épuisement de la terre. Les emphytéotes sont liés à certaines cultures; ils sont même liés à la terre, serfs en cela, car ils ne peuvent s'en aller que s'ils trouvent à céder leur droit emphytéotique à d'autres, ou si le propriétaire le rachète. Le fermier européen emporte ses instruments de labour, vend son bétail et se trouve libre;

le Sicilien ne peut emporter ses oliviers, qui sont son seul bien.

Depuis la révolution, une loi accorde aux emphytéotes le droit de racheter le cens, en papier-monnaie, en payant une année de la rente perpétuelle, plus le cens capitalisé à trois pour cent. Le droit inverse n'a pas été concédé aux propriétaires du fonds, c'est-à-dire qu'ils ne peuvent, en indemnisant le tenancier, rentrer dans la possession libre de la terre.

Les journaliers de campagne reçoivent environ un franc soixante-quinze centimes par jour, mais ils ne sont pas nourris; ils ne mangent pas de viande : des pâtes, des légumes verts à l'huile, du fromage, composent leur nourriture; le pain est cher, coûte environ cinquante centimes le kilogramme. Les ouvriers agricoles vivent dans de grands villages, loin des champs; pendant la moisson ou les vendanges, on leur donne des abris momentanés dans les *casamenti.* La plupart des maisons dans les villages sont louées à *censo;* il est rare que les habitants en soient propriétaires.

A la mort de l'emphytéote, la succession paye au propriétaire un droit convenu, le canon; à l'État, environ vingt-neuf pour cent de la *fundieria* annuelle; dans la ligne collatérale, ce dernier droit s'élève à cinquante pour cent; le droit de mutation n'est que d'un demi pour cent de la *fundieria.*

En cas de vente, il faut payer au propriétaire une année de *censo* en sus; cette condition rend les ventes difficiles et attache les emphytéotes au sol.

L'impôt foncier n'est point calculé sur le cens, mais établi cadastralement; il y a là un vrai chaos, car le cadastre est très-imparfait; l'impôt foncier peut monter jusqu'au quart du revenu.

Les biens d'Église, confisqués à la révolution, commencent à se vendre. On les achète encore timidement, on a toujours peur d'un changement nouveau; la Sicile en a tant vu déjà! Pauvre île, si belle et si misérable! Ses habitants ont toujours travaillé pour d'autres : l'impitoyable Rome en a pressé tout ce qu'elle contenait; elle a toujours été semblable à l'écorce aride qu'on rejette après avoir mangé le fruit. On voudrait rêver pour elle un meilleur avenir; mais sous cet air embrasé, embaumé, on sent je ne sais quelle langueur et quelle désespérance incurables. L'homme du Nord arrive ici plein de sa passion, les nerfs et les muscles encore tendus par la volonté, mais il y boit vite les poisons de la paresse et de l'incurie; le Normand de la conquête a laissé tomber sa cotte de mailles et s'est vêtu de molles tuniques; le Sarrasin y a oublié sa férocité; les joyeuses ivresses de la bataille n'y trouvent pas un assez grand théâtre; ces vallées odorantes, ces âpres rochers dorés au soleil n'offrent de retraite qu'à l'amour et à la haine. L'animal humain y redevient sauvage; le *moi* y grandit comme un volcan; le caractère insulaire, fermé, s'emprisonne dans des passions congénitales et séculaires. L'antique Sicile avait l'œil sur la Grèce, était éprise du même idéal, des mêmes espérances, des mêmes dieux; la mer bleue lui amenait.ses poëtes, ses philosophes, ses législateurs. La Sicile des croisades se sentait l'avant-garde de la chrétienté, la pointe de la lance qui cherchait à pénétrer au cœur des infidèles. Aujour-d'hui quel rôle a la pauvre Sicile? Écrasée, appau-vrie, méprisée du continent, elle rêve l'indépendance, et ne peut supporter la solitude. Elle se plaint qu'on lui envoie des lois, et elle oublie d'envoyer des légis-lateurs au parlement italien. Elle secoue la poussière de sa robe monacale, et s'en trouve encore aveuglée. Elle est la Corse de l'Italie; puisse-t-elle ne jamais lui donner de Bonaparte!

ROME

ROME.

Il est six heures du matin : de la place d'Espagne,
je monte par des escaliers en rampe à l'église de
la Trinité des Monts : j'y entre un moment pour
voir la fresque célèbre de Daniel de Volterre, la
Descente de croix. La couleur est perdue sous les
restaurations, on ne peut plus qu'admirer les
lignes, très-grandes, très-nobles, les touchantes
attitudes ; une sainte femme qui soutient de son
bras la tête de la Vierge me rappelle tout à fait
un tableau de la galerie de Twickenham, une *Descente de croix* attribuée au même maître. De la
terrasse qui est en face de l'église, auprès d'un petit
obélisque, je prends possession de Rome ; je la vois
s'éveiller dans le ciel qui se dore ; ces coupoles, ces
églises, ces palais, n'ont pas encore de noms pour
moi ; j'aime ce désordre où tout est nouveau : ces
lignes compliquées, croisées en tous sens ; je reconnais pourtant l'énorme cylindre de pierre du fort
Saint-Ange, et, derrière, je salue Saint-Pierre et le

Vatican, dont les grandes masses surgissent en avant des jardins pontificaux, indiqués par une ligne de sombre verdure. Je remonte lentement la route qui passe devant l'Académie française et qui s'élève jusqu'au Pincio. L'horizon s'agrandit : j'aperçois le Tibre, les espaces verts qui séparent le château Saint-Ange du pont de Ripetta et de la place du Peuple; je vois converger des rues vers cette place charmante, ornée d'escaliers, de statues, de hauts cyprès. Le doux son des cloches monte à travers l'air du matin encore alourdi; les jardins de la villa Borghèse jaunissent sous le soleil horizontal, qui les inonde comme d'une poussière d'or; la verdure printanière reluit dans les prés qui ondulent au pied des vieilles murailles, hautes, sombres, sévères sans être menaçantes. Je vais, je viens; tout est nouveau : cette colonne là-bas qui montre sa pointe, serait-ce la Trajane? Où est le Capitole? Quelle est cette haute tour rouge? Cette ligne bleue qui, par delà les assises des maisons, des palais, la dentelle des pierres, des arbres, court à l'horizon, si vaporeuse et si droite, serait-ce déjà la mer? Quel calme en ce beau lieu! quelle douceur de voir si tranquille, si silencieuse, si reposée, cette ville dont le nom a rempli le monde depuis tant de siècles! Sa beauté n'est pas la terrible beauté de la mort, c'est celle de ces statues qui gardent un sourire immortel. Les premières sensations que m'a données Rome ne peuvent se comparer à

rien dans mon esprit : je sentais comme un enivre-
ment tranquille, une âme plus légère, plus libre;
nulle préoccupation catholique ni même chrétienne;
le bonheur de vivre parmi tant de belles choses,
devant tous ces présents des temps passés, de respirer
l'air que Raphaël, que Michel-Ange avaient respiré,
de sentir la paix qui plane sur la campagne de Rome,
de suivre les nobles et classiques contours de ses collines. Quelle est la capitale où l'on puisse éprouver
les émotions du désert? quel est le désert où l'on
trouve partout la main de l'homme? Paris est trop
bruyant, sa vie est une fièvre, ses foules ont des passions. Ici le peuple vit comme sur un théâtre : il
orne un décor; moines à grande allure, à mine hautaine et pensive, paysans, femmes robustes aux
mouvements d'impératrice, beaux enfants aux yeux
largement fendus, aux boucles épaisses, tout fait
partie d'un tableau. La vie remue encore sur ces
ruines, mais ce n'est pas la vie inquiète, agitée, tur-
bulente de nos villes; elle garde une lenteur, une
majesté qui lui donnent quelque chose du rêve. Je
vais à Saint-Pierre : je m'arrête un moment sur le
pont Saint-Ange; le Tibre jaune coule sous mes
pieds : des chèvres blanches s'abreuvent pendant
que les pâtres au manteau vert mangent assis sur
les margelles. Des soldats de la légion d'Antibes
(habillés tout comme les nôtres, sauf une bande
bleue qui court sur le pantalon rouge) montent la

garde sous le drapeau jaune et blanc. Le Tibre n'a
pas de quai, les maisons plongent dans l'eau leurs
fondements noircis; voici les doubles fenêtres de celle
que, dit-on, habita Raphaël; elle est tout près du
pont. Une rue étroite, où se trouve le palais Torlonia,
conduit à la place Saint-Pierre.

Je ne la décrirai point : l'impression est grande,
ou plutôt elle grandit à mesure qu'on reste, qu'on
attend : rien n'attire l'œil sur la façade, rapetissée
par les statues qui la dominent; on *sent* mieux l'immensité du lieu en passant entre les colonnes du péristyle et en se comparant à elles. Le dé où s'appuie la
base des colonnes monte jusqu'à hauteur d'homme.
Au dedans, il faut faire de semblables comparaisons
pour que les dimensions deviennent bien apparentes.
Le plan de l'édifice est simple, on le comprend à
première vue; nulle complication dans l'architecture; tout est visible, net, évident. De grandes tentures rouges couvrent les pilastres des massifs piliers;
cette décoration ne déplaît pas, elle indique bien les
lignes de l'architecture. J'arrivais, l'esprit plein de
défiance à l'endroit de Bernin, sur la défensive; je
me sens désarmé par tant d'ampleur, par ce luxe
inouï qui a pourtant l'air facile, qui ne fatigue point.
La grandeur brutale agit ici comme élément esthétique; l'immensité enveloppe, fond les détails, les
noie; la lumière joue sur les beaux caissons dorés,
sur les marbres de toute couleur, elle descend comme

à travers l'azur de la haute coupole, où les saints et les anges sont assis sur leurs cercles immobiles; elle éclate sur les broderies d'or qui serpentent autour des colonnes de bronze du maître-autel, elle se brise sur l'immense gloire qui luit comme un soleil au fond du chœur. Le pavé de marbre, dont nul banc, nulle chaise ne trouble la perspective, s'étend comme un grand lac. On jouit, sans savoir pourquoi, de cette grandeur, de cet ordre si apparent en dépit de la profusion des ornements. L'immensité produit ici non pas l'impression de la terreur, mais une sorte de bien-être qui rend indulgent pour tous ces tombeaux prétentieux, ces saints, ces saintes gigantesques qui grimacent, qui posent, pour ces draperies de marbre blanc, tordues, agitées par je ne sais quels vents ennemis du repos, pour ces anges juchés dans tous les coins, les amours du christianisme. Ce luxe est si plein, si grandiose, si joyeux! Le soleil entre par les larges ouvertures, et ses rayons, répercutés en tous sens sur les angles polis, sur les luisantes moulures, sur les pierres précieuses, sur l'or des mosaïques, forment comme une auréole qui semble porter et soulever les immenses piliers et les voûtes colossales. Ce luxe formidable, qui dépasse toutes les fortunes privées ou princières, n'a rien qui choque ni qui étonne; on ne sent pas ici les terreurs, les sublimes anxiétés de l'art gothique; on est bien loin de la simplicité robuste et sombre des basiliques; on assiste au triomphe définitif du catholicisme, à son apothéose.

Je vais au hasard de chapelle en chapelle; mais sont-ce bien des chapelles? Chacune est grande comme une église. L'admiration m'arrête devant le tombeau en bronze de Sixte IV, œuvre d'Ant. Pallajuolo. Quelle joie de retrouver la Renaissance si fine, délicate et spirituelle ! une perle parmi tant de lourdes pierres. Le monument a la forme singulière d'un serre-papier : trois plans horizontaux de plus en plus rétrécis, appuyés l'un sur l'autre. Sur le plan supérieur, le vieux pontife, bouche serrée par la mort, œil clos, le menton saillant et dressé; ses pieds, richement chaussés, ne tiennent pas debout, ils s'écartent, retombent de côté sans force, sans ressort; à ce seul détail on reconnaît le grand artiste. Les mains croisées dans l'éternel repos prient encore.

La fantaisie du sculpteur a couvert les deux autres plans, qui forment de larges rebords, de figures allégoriques; de belles créatures, souples comme des couleuvres, représentent les Sciences, les Arts, la Musique, l'Arithmétique, la Philosophie, etc., la Foi, la Vérité, qui d'une main tient un miroir, de l'autre étouffe un serpent. Le sombre éclat du bronze harmonise toutes les disparates. N'y a-t-il pas de l'ironie dans la mort? Le génie demi-païen de la Renaissance se plaît à ces contrastes : il donne à un pape un cortége mythologique, remplace les anges froids et pétrifiés par des génies nus, mouvants, heureux, sensuels. Il y a encore dans Saint-Pierre un autre tombeau du même sculpteur, celui d'Innocent VIII ; on y retrouve, plus petites, des figures analogues.

La *Pieta* de Michel-Ange est une œuvre de sa jeunesse : les blancheurs de ce beau marbre se détachent bien sur un fond de calcaire jaune veiné ; l'expression n'atteint pas encore le sublime douloureux et la puissance terrible de ce grand maître ; le corps alangui du Christ a des proportions assez maigres, mais il y a déjà quelque chose de surhumain dans la face vague de Marie, dans ce sein large, ample, qui a porté un Dieu ; les draperies sont très-étudiées, un peu trop fouillées peut-être.

Au fond du chœur, à gauche de la tribune, est le tombeau de Paul III Farnèse, par Guillaume della Porta ; la statue du pape est en bronze et d'une merveilleuse beauté ; au-dessous du catafalque sont deux grandes figures couchées : la Justice, qu'une ridicule pudeur a couverte d'une draperie de fer-blanc peint qui imite très-habilement le marbre et couvre les ondulations puissantes et nobles d'un corps admirable ; la Prudence, vieille, à tête sibylline, au torse plat et lourd, est représentée par un homme ou plutôt n'a pas de sexe ; la Justice tourne vers elle sa figure hautaine et semble la défier : idée sublime, non *voulue* peut-être par l'artiste, et d'autant plus frappante.

Quelle différence entre ce tombeau grave, simple, de grand style, et les œuvres prétentieuses et tourmentées de Bernin! Regardez en face le tombeau d'Urbain VIII, cette Charité aux muscles rebondis, qui rappelle Jordaens plus encore que Rubens, ces enfants joufflus, aux chairs plissées, pendus à la mère robuste, dont le marbre fait luire les seins laiteux. Nul idéalisme en ces ouvrages, où la grandeur est sans grandeur, où le colossal se fait joli et le joli colossal; une facilité inouïe, une verve emportée, çà et là des détails heureux, charmants, partout je ne sais quoi de puissant, d'aisé, de facile, l'art enfin devenu le serviteur spirituel et complaisant du décor.

Mais tout est décor dans Saint-Pierre : la tribune entourée de ses rayons, des gros nuages dorés où flottent des anges, le maître-autel aux colonnes tordues, les enfants qui jouent au sommet du baldaquin avec la tiare et les clefs de saint Pierre. Voyez encore ce tombeau : une mort ailée, dont le squelette est entièrement doré, soulève de lourdes draperies faites d'un marbre veiné à reflets ambrés; au-dessus sont quatre femmes colossales; la plus grande, mère puissante, à la poitrine rebondie, tient un enfant musculeux; en pendant, une sorte de Madeleine s'enveloppe des longues ondes de sa chevelure; au sommet est assis Alexandre VII, tête de soldat plutôt que de pontife, à la fine moustache, au sourire grimaçant. Ces grandes compositions théâtrales remplissent Saint-Pierre, mais elles se perdent dans l'immense ordonnance du grand édifice.

Je vais au Vatican et monte d'abord aux Loggie de Raphaël, longue galerie ouverte sur la cour de San Damaso. Raphaël avait été très-frappé des peintures antiques trouvées dans les thermes de Titus, et ses Loges sont entièrement décorées dans ce goût bizarre avec lequel les fouilles de Pompéi nous ont depuis rendus familiers. Cette œuvre délicate et spirituelle est aujourd'hui presque ruinée : mais qui oserait la restaurer et passer son pinceau sur cette fresque légère comme la mousseline, aux traits plus fins que ceux des vases étrusques? Quelle fécondité d'invention! L'œil est amusé par les chimères, les dragons, les fleurs, les oiseaux, les femmes élancées aux chairs rosées, aux chlamydes légères; sur chacune des voûtes, il y a de petits cadres où sont traités des sujets bibliques. La main même de Raphaël n'a peint que la *Création*. Dieu, les bras tendus, semble franchir l'espace d'une enjambée énorme; il est entouré de nuages et d'éclairs. Tout le reste a été peint sur les dessins de Raphaël par ses élèves.

Au bout de la Loge s'ouvrent les Stanze, cinq vastes salons qui renferment l'œuvre capitale du maître. C'est ici que son génie a touché l'apogée. On cherche à deviner ce qui se passait dans cette âme heureuse, placide, féconde, qui avait atteint la perfection. Raphaël ne pouvait plus se tromper, mal faire, faire à demi; tout sort de son imagination et de ses mains, achevé, complet. Était-ce assez qu'il vît autour de lui, dans les rues de Rome, au Transtevère ou dans les palais, ces beaux visages romains aux larges plans, à l'œil ombré, ces riches chevelures frisées naturellement en ondes épaisses, ces corps dont chaque attitude est noble, chaque mouvement gracieux? mais cette race privilégiée, le produit de tant de siècles de gloire, de puissance, de civilisation, est toujours la même et n'inspire plus personne. J'ai vu, sur la place Navone, des marchandes de légumes qui semblaient des impératrices. Que sont les blanches et roses beautés anglaises, à la taille sans souplesse, à l'œil inanimé, auprès des modèles qui, pour quelques baïoques, vont d'atelier en atelier? Ce qu'on ne peut comprendre, ce qu'on ne saurait assez admirer, c'est ce mariage intime qui, dans l'esprit de Raphaël, s'opérait entre l'image et la réalité. Les figures sortent de son esprit comme d'une matrice naturelle; dans tout ce qu'il fait à Rome, elles ont cette attitude noble, aisée, souple, qui n'a pas la roideur statuesque; la pose n'est jamais figée, elle semble toujours n'être qu'un moment du mouvement. La couleur a je ne sais quoi de tendre, de doux, de voluptueux. Nul système, nulle théorie. Cet esprit gracieux ne s'enferme point dans de laborieux systèmes.

Dans le *Parnasse,* il y a des Muses qui n'ont rien

d'antique, enveloppées de draperies bleues, blanches, violettes, rêveuses, paresseuses, des portraits sans aucun doute. Quelle charmante jeune fille que l'Astronomie, à peine nubile encore, penchée, agenouillée sur le globe transparent qui laisse entrevoir ses pieds légers ! Quelle absence de contrainte, de convention ! Quelle douceur poétique, quelle tendresse délicate et réfléchie jusque dans les compositions les plus graves ! dans le jeune docteur adolescent de la *Dispute du Saint Sacrement,* qui se tient debout à gauche, et dont le charmant visage est encadré de longues boucles ; dans ce blanc fantôme du duc d'Este, qui passe comme un rayon au milieu des philosophes de l'école d'Athènes ! Çà et là, quelle passion ardente, émue, jamais triste cependant ni douloureuse, dans ces têtes olivâtres, aux yeux sombres, aux fronts ombrés, aux tempes arrondies, bordées d'une épaisse toison crispée par la force et la santé. Tous les extrêmes : ici la *Délivrance de saint Pierre,* composition que nous pourrions appeler romantique ; un clair de lune, des gardes aux luisantes cuirasses, l'Ange apparaissant dans une auréole fantastique, d'abord devant la porte de la prison, puis derrière les barreaux, devant saint Pierre appesanti ; dans la *Dispute du Saint Sacrement,* on admire une ordonnance symétrique, savante, solennelle, toute la gravité de la scolastique, de la théologie ; dans *Adam et Ève,* une idylle adorable, la première femme étonnée, rougissante de désirs, d'amour, de chasteté; le *Marsyas* est une composition antique qu'on croirait prise sur un camée grec; le *Miracle de Bolsène* montre toute la ferveur de la foi à côté de l'indifférence de la beauté, de la force animales (la Fornarine y paraît pressant un enfant contre son sein). On se demande quel ordre présidait dans l'esprit de Raphaël à la composition des Stanze; il me semble y voir une suprême indifférence; rien de métaphysique, nulle prétention à condenser l'histoire ou la philosophie sur la toile. Tous les sujets lui sont bons; il fera dans tous éclater la beauté, il les remplira tous d'un doux rayonnement; les personnages ne sont que la traduction toujours variée de son rêve éternel d'amour, de félicité, de vie sensuelle, mais délicate, élégante, noble. Il hait la douleur, ou plutôt il ne la connaît pas; remarquez qu'il a toujours évité les crucifixions, les parties funèbres, terribles de la Bible : son génie s'appelle le bonheur.

Des Stanze à la chapelle Sixtine ! peut-on imaginer un plus grand contraste? on pourrait presque dire que le génie de Michel-Ange fut la douleur. — Je renonce à dépeindre le *Jugement dernier* et les *Sibylles*. (Voir l'*Histoire de la peinture en Italie,* de Stendhal. C'est ce qu'il y a de mieux sur ce sujet.) Il faut se borner à quelques impressions, les garder, les enfermer en soi comme un trésor. Le plafond s'attache aux murs par une retombée de voûte en quart de cercle; les peintures de Michel-Ange commencent aux fenêtres. Chaque fenêtre est surmontée d'un triangle où des figures sont accroupies; dans les pendentifs intermédiaires sont d'autres triangles dont la pointe est en bas; là sont suspendus les Sibylles et les Prophètes, de dimension colossale. Sur le plafond, un tableau correspond à chaque fenêtre et à l'intervalle de deux fenêtres, et aux quatre coins des cadres de ces tableaux sont de grandes figures d'hommes nus. Des figures plus petites, décoratives et peintes en jaune, sont encore logées au sommet des petits triangles. Toute cette symétrie, qui se décrit mal, s'aperçoit du premier coup d'œil. Ce qu'elle a de bizarre, c'est que les personnages grandissent à mesure que l'œil monte : il y a comme des ordres différents de grandeur qui servent à composer une sorte d'architecture peinte[1]; ils expriment aussi des idées différentes, dont on cherche la clef mystérieuse. Autour du cintre des fenêtres, deux personnages adossés, des femmes rêveuses, à l'air vague, dans des draperies jaunâtres, violettes. Dans les petits triangles, qui forment toit des fenêtres, des scènes qui parlent de la famille, de l'humanité terrestre, celle qui croît et multiplie, le

[1] Trois séries de grandes figures, — femmes, — familles, — hommes nus, — de plus les petites figures jaunes d'ornement; — tout cela sert de cadre aux Prophètes, aux Sibylles.

père, la mère qui allaite, les enfants, le vieillard, les quatre âges de la vie humaine. Que signifient ces figures jaunes safran, cariatides horizontales qui se glissent avec effort entre ces triangles et les cadres du plafond? Aux coins de ces cadres sont assis partout des hommes nûs; la femme est exclue de cette série; pas une draperie, le nu sans voiles; des corps vigoureux, contournés, qui semblent des modèles d'anatomie. Dans cette confusion ordonnée, les Prophètes, les Sibylles, font une saillie gigantesque. Leurs poses étranges et qui pourtant ne sentent pas l'effort; ces visages grandioses, fixes comme le Destin; ces corps noués par une volonté de fer, fermes, qui n'ont plus rien à craindre du temps; ces cambrures fières, ces torses pleins, si robustes; ces mains qui pourraient écraser toute chose vivante; ces grands êtres insensibles, funestes, qui évoquent la douleur, les noirs mystères, l'incertitude affreuse de l'avenir, consternent et épouvantent l'imagination. Il ne s'agit plus ici de beauté délicate, de corps faits pour le plaisir, pour la volupté frivole; le mystère terrible enveloppe tous ces êtres humains; la vie qui se sent menacée devient une convulsion dans les corps nus qui s'étalent, se roidissent, se tendent en tous sens comme pour essayer leurs forces éphémères. Les Sibylles, les Prophètes semblent prêts à signer l'arrêt de cette hécatombe, de cette guirlande de victimes humaines, dont la beauté sera flétrie en un instant.

On éprouve comme une oppression terrible devant ces êtres sans âge, presque sans sexe, qui *savent;* quelles sombres pensées devaient passer dans l'âme de Michel-Ange quand il peignait ces prêtresses, ces prêtres implacables de la fatalité, traçait ces yeux fixes, ces bouches sans sourire, ces regards sans pitié, ces fronts d'airain? Ce terrible génie se détend un peu sur les peintures du plafond; il caresse l'Ève qui naît, les mains jointes devant le Dieu terrible, pareil à l'un des sombres prophètes; il répand même un rayon de grâce et de coquetterie sur l'Ève pécheresse et tentée du démon : elle est accroupie d'un mouvement pudique et charmant, et lève le bras vers la pomme. Adam n'est qu'un jeune campagnard blond, à l'air niais. — Dans la *Création de l'homme,* il représente au contraire l'humanité héroïque, forte, déjà triste et comme chargée du pressentiment de ses futures douleurs.

Mais que dire du *Jugement dernier?* Son effet complète bien l'œuvre colossale de la voûte. L'impression de terreur s'achève sur cette immense toile sombre : Jésus n'est pas le doux Jésus, affadi, langoureux, aux cheveux de femme onduleux : c'est une façon d'Apollon chrétien, furieux, qui lance ses malédictions comme des flèches sonores : la terreur l'enveloppe; elle précipite cette mêlée d'hommes, roulés, enchevêtrés, culbutés dans l'abîme. Le Christ donne l'unité à cette vaste toile : on le *sent* toujours, tandis que l'on suit laborieusement les détails infinis de cette épopée de la justice et de la vengeance. La fumée des cierges a bien noirci les parties inférieures de cette vaste peinture : grand dommage pour l'art ; mais l'expression n'en est point gâtée ; les ombres se sont faites plus épaisses dans la région infernale et en couvrent mieux les hideux mystères. Le fond du tableau est un azur très-foncé, l'azur de la nuit sans lune ; çà et là, une pointe de bleu brille aussi dans les entassements jaunâtres des chairs : sur un voile, dans une robe ; mais en somme il n'y a guère d'autre couleur que les couleurs des ténèbres. Que ce tableau trouble, émeut, épouvante ! Songez que chaque ligne est tracée par la haine, par le mépris, par l'horreur qui tourmentaient une âme fière, noble, hautaine, active, incapable de repos. Comme ces châtiments et cette colère protestent contre les triomphes insolents du monde, de la force, du mensonge, de la lâcheté ! Le voilà ce Jésus que vous cachez en votre âme, vous tous qui aimez l'honneur et la vérité ; le voilà, non plus étouffé sous les plis épais de la prudence, muet, le doigt sur la bouche, pliant sous l'oppression lente et l'usure écrasante des choses matérielles, sous la tyrannie de la fortune, de la multitude et du hasard, mais libre enfin, maître, vengeur ! Laissez éclater sa sainte colère ; ne tremble pas, Marie ; Ève, ton pardon est écrit dans ta beauté flétrie, sur tes seins desséchés par la maternité, sur ton front serein ; avant de jouir de votre triomphe éternel, justes, jouissez aujourd'hui de la confusion de vos ennemis, de leurs terreurs, de ce renversement de ceux qui ont tout renversé, de cette ruine lamentable de ceux qui ont tout ruiné. Ne montez pas trop vite au ciel, ombres flottantes ; parmi ces bouleversements et ces luttes tragiques, dans ces écroulements de la puissance et du crime, écoutez le dernier sanglot de l'homme, le dernier cri d'une race qui va mourir !......

Allons au Capitole : est-ce là cette colline qui si longtemps a été le centre du monde ? Qu'elle est petite ! il n'y reste que la vieille basilique de l'Ara-Cœli, les trois palais qui entourent la petite place où s'élève la statue équestre de Marc-Aurèle. Quelques pas de plus, et je dépasse le Tabularium : le Forum se découvre. D'un seul regard j'embrasse tout ce qui reste d'un lieu si fameux. La haute muraille du Tabularium descend sur un terrain semé de vieux fûts de colonnes, de chapiteaux brisés, et où s'aperçoivent encore les vieilles dalles de la voie qui montait en serpentant du Forum au Capitole.

Voilà l'arc de Septime-Sévère tout rongé du temps ; le soleil ombre les caissons de son arcade et les sculptures ; cet amas demi-circulaire de briques placé tout auprès, est-ce vraiment la tribune aux harangues ? Sur un petit massif isolé s'élèvent huit colonnes d'un temple, relevées maladroitement par des mains barbares, qui ont retourné des portions de fûts sans respect pour le galbe antique. L'herbe croît entre les pierres de l'entablement, dont la silhouette déchirée se découpe sur le ciel bleu. Entre deux de ces lourdes colonnes, dépareillées, aux bases inégales, j'entrevois la colonne cannelée dite de Phocas; un peu plus loin, à droite, au delà d'une excavation pleine de sombres crevasses et de pierres gisantes, la trinité élégante des dernières colonnes d'un autre temple.

L'allée verte du Campo Vaccino conduit l'œil jusqu'au charmant arc de Titus. Derrière montent les pans de voûtes immenses de la basilique de Constantin; au fond, derrière le petit campanile roman de San Francese, s'élève l'énorme cylindre du Colisée; le tambour est encore entier d'un côté, mais ne montre plus de l'autre que les étages des arcades inférieures. Au-dessus de cette formidable ruine court le voile léger des collines lointaines. Ce vaste tableau se complète par les maisons modernes, les lignes des toits, les façades de quelques églises. Tout est désordre; mais je ne sais quelle harmonie fond toutes les disparates. Cette terre tourmentée, fouillée, traversée de chaussées modernes, de ravines, semble comme un masque troué appliqué sur un beau visage, et qui laisserait çà et là saillir un muscle, percer un trait.

Les plaisirs des sens sont peu de chose à côté de ceux de l'imagination; la pensée renverse d'un seul coup les masures, les petites églises modernes; elle refait le Forum antique, relève les colonnes gisantes, déblaye les entassements profonds de terre, de brique; elle revoit les beaux escaliers conduisant aux temples symétriques, les longs portiques, les basiliques neuves, les statues équestres, les arcs triomphaux, la voie Sacrée, les rostres, le mille d'or, l'ombilic de Rome, les temples élevés du Capitole. L'instant d'après, tout est renversé de nouveau; je ne vois plus que les tristes colonnes restées debout, rongées de la lèpre du temps, doigts de pierre immobiles, monuments d'abandon, riches et misérables, solides et fragiles. L'âme, appesantie sous les souvenirs, cherche des échappées dans l'azur du ciel, sur les douces pentes de gazon; laissez croître les fleurs en paix parmi toutes ces ruines. Pourquoi porter la pioche et la bêche dans le palais des Césars? mettre des écriteaux, des affiches, dans les bains de Livie, dans les cours, les salles, les portiques? Chaque empereur, au lieu de démolir le palais de son prédécesseur, le comblait de terre, en bâtissait un autre par-dessus, plus grand, plus riche. L'érudition fouille aujourd'hui ces étages superposés, numérote ces murailles, cherche des palais dans des caves, arrache le voile d'oubli dont la nature avait couvert tant de souvenirs. Tout est bien mort ici : l'herbe couvre le grand cirque qui remplissait le vallon entre le Palatino et le Celio.

Voulez-vous avoir la vision de l'Empereur? allez au Colisée; c'est là qu'était assis le maître du monde. Il semble que tout soit encore prêt pour les fêtes du peuple esclave et roi. Je le vois qui se précipite à tous les étages de l'immense enceinte, j'aperçois les marins venus d'Ostie manœuvrant l'immense velarium couleur de pourpre, fixé à des mâts dont les supports de pierre restent encore apparents. C'est ici que, dès l'enfance, l'on apprenait la cruauté, l'amour du sang, le mépris de la vie humaine. Quel monument de grandeur et d'infamie! En vain les barbares ont fouillé chaque pierre pour arracher les tenons de bronze; en vain l'on a exploité l'énorme enceinte comme une carrière pour bâtir des palais sans nombre, des maisons, des églises; la Rome moderne n'a pu détruire la Rome antique; la masse du Colisée peut encore défier celle de Saint-Pierre.

Je rentre dans les rues populeuses : je traverse le Transtevère; on me montre la fenêtre où, dit-on, la Fornarine se montra pour la première fois à Raphaël et lui jeta son premier regard, présage d'amour et de mort. Nous montons par une rampe douce à la fontaine Paolina, qui verse jour et nuit ses eaux sonores. De la petite terrasse de San Pietro in Mortorio, je regarde Rome et sa campagne dorées par le soleil couchant. La ligne des collines s'étend violette et rose depuis le Soracte jusqu'à Albano. Le désordre harmonieux de la grande ville expire sur l'immense plaine qui va mourir, comme une mer sans rides, à l'enceinte lointaine des hauteurs. Point de clochers aigus, pointus, hérissés; toutes les formes sont carrées; quelques coupoles rondes et solides surgissent seulement çà et là. Des lignes horizontales, fermes, reposées, terminent toutes les silhouettes. L'impression de l'ensemble est heureuse, placide : les ombres prolongées du soir l'augmentent encore; point de ces ignobles faubourgs qu'on trouve aux abords des cités vivantes et populeuses, excréments hideux des capitales, abattoirs, murs, usines, fabriques, hangars, rues sans fin, sordides, vouées à des besognes viles; ici, le vert tapis de la campagne entre de tous côtés, enveloppe les églises isolées, Saint-Paul hors des murs, la basilique neuve encore inachevée, la masse imposante de Saint-Jean de Latran, les thermes de Caracalla. Comme un lierre qui serpente autour d'une amphore, il se glisse entre le Viminal et le Quirinal; le Pincio se couronne de beaux pins; nulle maison ne déshonore le site des jardins de Salluste.

Je sors par la porte Saint-Pancrace et, le long des grands murs, reviens auprès de Saint-Pierre par la porte Cavalleggieri; de grandes ombres couvrent déjà l'immense place circulaire, le soleil ne touche plus même la pointe de la coupole. L'énorme masse foncée semble plus grande, plus solitaire, plus sublime.

Visites aux églises. — *San Agostino.* Je vais voir une Madone de Sansovino ; une jeune dame élégante, couverte de bijoux, de pierreries ; le *bambino* est caché sous les colliers ; le pied de la Madone est usé par les baisers ; des femmes, des zouaves pontificaux, des matelots se pressent sans cesse autour de la statue, qui luit au milieu des cierges. Tous baisent le pied divin, les plus fervents sans l'essuyer. C'est cette statue qui faisait dire à une actrice française : « Le métier de vierge est ici le plus lucratif. »

San Andrea della Valle. Grandes fresques du Dominiquin ; les *Évangélistes* sur les quatre pendentifs de la coupole ; derrière l'autel, la *Gloire de saint André;* six figures colossales, deux groupes d'hommes et d'enfants, quatre tableaux épisodiques. Ces immenses compositions ont une couleur pâle. L'anatomie est belle, mais ces grands corps manquent d'expression ; toutes les femmes ont les mêmes yeux béants, la même tête ronde, régulière, sans âme. Le Dominiquin me laisse froid.

Santa Maria della Minerva. Devant le chœur, à gauche, le *Christ tenant la croix,* de Michel-Ange, lourd, épais, sans beauté, indigne de lui, doit être très-admiré de ceux qui restent indifférents dans la chapelle Sixtine.

L'église est gothique, chose rare à Rome ; elle a été restaurée, repeinte ; *on* pourrait se croire hors d'Italie, dans le Nord, n'étaient les groupes de femmes à genoux, en désordre, errant librement, de mine indolente et haute, les têtes profondes, les poses si nobles des prêtres qui vont, viennent, chantent, se lèvent, s'agenouillent avec une lenteur sénatoriale.

La Pace. J'entre dans cette petite chapelle pour voir les *Sibylles* de Raphaël; un sacristain à barbe bleue écarte le voile : quelles sibylles élégantes, humaines, bienveillantes! Point de méchanceté, rien de prophétique : ce sont de belles femmes, heureuses, nonchalantes; l'une regarde un parchemin déroulé que lui apporte un ange, l'autre des tablettes, une autre écrit elle-même; de beaux enfants, comme Raphaël seul sait les faire, complètent cette composition symétrique, harmonieuse.

San Pietro in Vincoli. Petite église isolée, perdue dans le voisinage du Colisée; on y arrive à travers des jardins, entre des murs ombragés d'acacias, par un chemin inégal, où les voitures avancent lentement. J'entre par le cloître : un moine me mène devant le *Moïse* de Michel-Ange et me quitte charitablement. Je reste seul, et me rassasie à loisir de l'émotion étrange et terrible de cette œuvre sans pareille. On sent à le regarder quelque chose de semblable à ce qu'on éprouve aux tournants dangereux, au-dessus des précipices. Quel est ce personnage cornu, ce patriarche méchant, à la bouche forte, au menton puissant, tendu en avant, d'où descendent les flots énormes d'une barbe sans fin? Quelle face impérieuse, dure, majestueuse! Quel œil irrité! Pourquoi Michel-Ange lui a-t-il donné le pantalon plissé attaché aux genoux et aux chevilles, qu'on ne voit qu'aux esclaves dans les statues antiques? La main soutient la barbe débordante, le bras s'appuie sur les tables; le géant terrible est assis, mais le mouvement de la jambe repliée, le pied cambré, semblent indiquer qu'il est tout prêt à se lever. S'il se levait, si ce corps puissant se redressait! Cette pensée fait presque peur. Ce Moïse appartient au monde effrayant des Sibylles, des Prophètes, de la Nuit, de l'Aurore, imaginations puissantes qui ne font penser ni à la légende chrétienne ni à la légende païenne, personnifications d'un idéal nouveau, où la force joue le rôle principal et se subordonne la beauté.

Panthéon d'Agrippa. Ce temple est un des plus antiques monuments de la vieille Rome; pas une seule fenêtre, un cylindre plein, contre lequel sont plaqués des autels; au-dessus du vaste tambour, une coupole circulaire, aussi grande que celle de Saint-Pierre, ouverte au sommet. Tout respire la force, la solidité, le calme. Par le grand œil ouvert, on voit le ciel bleu, un nuage qui passe; il semble que la voûte s'élève, tende vers le dehors, vers l'infini. Les caissons qui couvrent la voûte, aujourd'hui sales et nus, je les revois recouverts de bronze et semés de clous dorés. La vieille porte de bronze est encore en place; le pavé est couvert d'énormes plaques circulaires de porphyre, de granit, de vert, de rouge antique. Les colonnes des petits autels, disposées en cercle, sont du plus beau jaune antique. On ne peut jouir au dehors de la beauté du Panthéon : des maisons sont appliquées de toutes parts, comme de viles excroissances, sur le grand massif de brique. On ne l'aperçoit bien que des deux côtés de l'entrée précédée d'un péristyle antique, mais ajouté postérieurement à la construction du Panthéon circulaire. Ce péristyle, appuyé sur d'énormes colonnes corinthiennes, surmonté d'un fronton, noirci et rongé du temps, a l'air noble et sévère.

Sur la petite place et dans les ruelles adjacentes est un marché; des femmes, aux airs de matrone, vendent des légumes; j'en vois qui passent avec d'énormes poids sur la tête, droites comme des canéphores. Les *fazzoletti*, noués sur la tête, retombent en belles draperies; les plis des chemises blanches dessinent d'amples poitrines; les cordons qui retiennent les corsages de couleur sont tendus par l'effort de ces bustes vigoureux. Tous les gestes, tous les mouvements sont lents, calmes, forts; les yeux semblent des flammes douces sous l'ombre des grandes paupières pensives. On reconnaît les descendants des maîtres du monde.

Le peuple m'intéresse presque à l'égal des monuments. Je n'ai jamais vu race plus belle. Est-ce la paresse, la vie de loisir, la douceur endormie du régime pontifical qui l'a rendue telle? Ou cette beauté n'est-elle que l'œuvre du climat, d'un beau ciel, des eaux pures et abondantes, de la lente sélection des siècles? Ces gens ne connaissent pas les ardeurs, les durs combats de notre civilisation, le service militaire, l'industrie; ils vivent nonchalamment, en moines, de l'or que la foi, la curiosité, l'amour des arts leur apportent comme un tribut, parmi les palais, les statues, les colonnes, les obélisques, dans des jardins enchanteurs, au milieu de tout ce que la peinture, la sculpture, ont produit de plus merveilleux, amusés de fêtes perpétuelles, de cérémonies, de pantomimes solennelles, de chants, de spectacles nobles et magnifiques. Ils se savent grands, l'envie du monde catholique, de l'Italie moderne; veulent-ils une révolution? Peut-être; mais ils ne la feront pas eux-mêmes. Ils n'ont pas bougé quand Garibaldi est allé combattre pour eux à Mentana : pourtant on devine le mépris et la haine dans la façon dont ils regardent nos zouaves pontificaux, nos petits Français fanatiques, lestes, pimpants, insolents. Ils attendent : rien ne presse; ils ont la patience, la finesse, la force d'inertie des prêtres. Les zouaves passeront, Rome·ne passera pas. Le pouvoir temporel peut tomber, Saint-Pierre restera. On peut dire du peuple romain comme du Pape : « Patiens, quia æternus. »

San Clemente. Il faut aller dans cette petite église

pour voir une basilique parfaite : sur le fond en cul-de-four, une très-vieille mosaïque représente le Christ et les Apôtres : le Christ en croix, chaque Apôtre accompagné d'un agneau blanc; le fond d'or est semé de palmiers, comme dans toutes les vieilles mosaïques byzantines. Devant l'abside, une enceinte rectangulaire formée d'un mur de marbre, couvert de dessins de mosaïque, et qui sert de chœur; deux *ambons* en marbre, l'un servant pour le prêche, l'autre pour la lecture de l'Évangile. Le toit de la nef est plat, comme celui des deux bas-côtés. En avant du *porche* est un atrium, cour carrée à portiques. — Dans une petite chapelle, près de la porte, sont des fresques de Masaccio qui racontent la vie de sainte Catherine. Masaccio est encore inspiré ici par Fra Angelico, gauche, roide, archaïque; il n'a pas encore atteint sa deuxième manière. La tête de la sainte, agenouillée au moment d'avoir la tête tranchée, l'œil déjà blanc, renversé, est fort saisissante. — On a retrouvé à San Clemente une église souterraine, quelque asile des premiers chrétiens, comblée pendant des siècles; les peintures murales s'y sont merveilleusement conservées, mais en enlevant la terre, on leur a ôté ce qui les protégeait, et chaque jour elles pâlissent et s'effacent davantage. Il ne restera bientôt rien de ces ébauches informes, roides, douloureuses, où l'on sent toute la gêne et la roideur byzantines.

Les grandes, les illustres basiliques sont *Sainte-*

Marie Majeure et *Saint-Jean de Latran*, lieux admirables, à peu près semblables, d'une architecture si simple, si vraie, si rationnelle. Les mosaïques de l'abside sont tout ce qui reste du passé; le reste ne garde que la belle ordonnance, le toit plat en caissons; c'est dans ces deux églises que le luxe catholique se montre avec les couleurs les plus heureuses; rien de trop, rien de criard, de faux, mais quelle opulence tranquille, quelles perspectives faciles, quels doux rayonnements de l'or! On n'y trouve nulle part une œuvre d'art achevée, un de ces joyaux que le génie a caressés, une de ces peintures, de ces sculptures qui se fixent dans l'esprit, comme des flèches que rien n'en peut plus arracher. L'admiration est plutôt du contentement, une sorte de bien-être vague, en harmonie avec la douceur d'un beau ciel, avec le repos de l'âme qu'on ne peut s'empêcher d'éprouver dans cette ville des ruines et de l'éternité, une disposition voluptueuse, un étrange détachement qui s'accommode mieux d'impressions adoucies que d'émotions trop poignantes.

Raphaël a été par excellence le peintre de ce bien-être presque divin, que les grandes basiliques expriment avec l'or et le marbre. Quoi de plus *heureux* que la *Galatée* de la Farnésine? Comme tout respire l'amour en cette fresque charmante, non pas l'amour sombre, inquiet, jaloux, mais l'amour qui se contente du plaisir, l'ardeur de jeunesse, la nature en

fleur; comme la brise soulève gaiement les cheveux
de la déesse, comme l'onde bleue se courbe devant
elle, comme les filles de la mer, caressées, pressées
par les Tritons ardents, l'invitent à aimer et à laisser
pénétrer dans son œil encore timide et chaste la
flamme et l'éclair du désir !

L'*histoire de Psyché* de Raphaël, racontée sur les
voûtes d'un des salons, n'est qu'une brillante invi-
tation au plaisir. Les dieux, les déesses, brillants de
vie, de santé, de vigueur, sont les enfants d'un
caprice accoutumé à toutes les formes du beau [1]. Je
remarque aussi deux grandes toiles de Sodoma, très-
achevées, très-bien conservées, peintures indécentes,
molles, de tons étranges. Dans *Alexandre et Roxane,*
la reine a une chemise plissée, transparente; elle
s'offre au vainqueur; dans la *Famille de Darius*, il
y a un groupe de femmes charmantes.

Je retourne encore à Saint-Pierre; je reste une
heure devant la grande porte en bronze de l'entrée;
encore un joyau de la Renaissance enchâssé dans la
grande masse de pierre. Est-ce là la porte d'une église
chrétienne? A quelques pas, il est vrai, on ne voit
que les quatre graves Évangélistes, à face sévère,
aux longues robes sacerdotales; mais approchez, et
dans les bordures vous apercevrez le plus singulier

---

[1] Les restaurations ont beaucoup nui à ces fresques : le fond
bleu actuel est trop cru; on voit encore par places l'ancien,
plus doux, plus gris.

mariage du christianisme et de la mythologie; une fantaisie joueuse et désordonnée a mêlé les deux légendes, la sainteté et l'impureté; l'œil découvre Léda et le cygne embrassés auprès de saint Pierre, Circé, Actéon, mêlés aux empereurs, aux Apôtres, toutes sortes de bêtes, des chouettes, des papillons, des serpents, une arche de Noë de souvenirs et de folles imaginations. Mais ces détails ingénieux ne se découvrent qu'à l'examen; la porte massive garde sa majesté hautaine. L'ironie s'est glissée sous le seuil du temple, mais elle y reste invisible.

Le bronze m'attire toujours : près de la coupole, à droite de la nef, est le *saint Pierre,* assis, de style byzantin, roide, archaïque, la main levée; les fidèles viennent baiser son pied, et les doigts commencent à disparaître sous la salive des siècles. Ce saint Pierre étonne au milieu de ce qui l'entoure; il est là comme un étranger; sa dureté sévère, hautaine, sa sécheresse, contrastent avec ces grâces abondantes et faciles; il représente l'Orient, son christianisme étroit, fanatique, sombre, sans souplesse, la foi sauvage.

Je m'emplis encore les yeux des lignes solennelles de Rome; je passe, chétif, sous les arcades immenses; j'admire jusqu'aux hallebardiers, rayés de couleur jaune et noire; je remonte aux Stanze, et reçois encore un rayon de cette grâce divine qui sort, comme une phosphorescence ,de tout ce qu'a touché la main légère de Raphaël; je vais me repaître de terreur dans la Sixtine, et donne rendez-vous dans le noir avenir au Christ terrible, à ses Prophètes, aux Sibylles de Michel-Ange. Seuls, ils arrachent violemment ma pensée à la béatitude que j'éprouve en cette ville sainte; ils me tirent de mon calme délicieux et me parlent de luttes, de souffrances. Il faut donc te quitter, ville bénie, sortir de la paix, de la sérénité, rentrer dans la vie ignoble. Je te laisse mon âme, ma pensée; ton souvenir, si doux, me consolera des misères, des laideurs, des banalités, des horreurs au milieu desquelles courent nos existences tumultueuses. Tu resteras dans la nuit de mon souvenir, parmi les agitations stériles du monde, dans l'ombre de la sottise et de l'ignorance, comme une Jérusalem céleste, un symbole de paix et de beauté.

BOHÊME

(1868)

BOHÊME[1].

« L'Italie, disait un jour M. de Metternich, n'est qu'une expression géographique. » Qu'en penserait-il aujourd'hui? Et que répondre à un diplomate italien qui, montrant la Hongrie exigeante, les Tchèques mécontents, les Galliciens toujours occupés à renouer le fil de la longue conspiration polonaise, les Allemands humiliés par la défaite de Sadowa et moins irrités contre le vainqueur que contre le vaincu, dirait à son tour : « L'Autriche n'est qu'une expression géographique »? La monarchie piémontaise a chaussé la botte italienne jusqu'à la pointe; elle tient même l'étrier de la Sicile. La pauvre Autriche a perdu la Lombardie, puis la Vénétie, puis, ce qui valait plus qu'une province, le droit de régenter l'Allemagne.

Que de choses dans une bataille! que de volumes dans ce petit mot « Sadowa »! Que de phrases, de

[1] Ces notes ont été prises en 1868. On n'y a rien effacé, rien ajouté.

paroles devenues vaines ! La force a cela de beau qu'elle est simple ; il faut aller voir quelquefois un champ de bataille ; il est bon de contempler des lieux où quelques milliers d'hommes donnent leur vie pour que quelques millions d'autres cessent de dire des sottises ou soient forcés d'en trouver de nouvelles. Quelle éloquence dans ces mottes de terre ! Elles semblent dire à l'homme : « J'ai bu ton sang, mais je t'ai donné le repos, et la raison, et une vision plus claire de ton destin. »

Nous faisions, la veille du départ, des réflexions moins philosophiques à Vienne, en nous promenant dans les allées illuminées du Volksgarten. Vienne, à peine aujourd'hui la capitale d'un empire, sera toujours une capitale du plaisir. Je ne sais quelle mollesse orientale a remonté le Danube et s'est arrêtée là : le plaisir est dans tous les yeux, le plaisir facile, engageant, sans remords, sans trouble ; la gaucherie allemande devient ici de l'élégance : les femmes sont Parisiennes, coquettes, souvent sans pudeur, mais jamais sans grâce ; des païennes, dont la morale se résume dans « vivre et laisser vivre ». Elles aiment les belles messes militaires, le retentissement des cuivres sous les hautes voûtes de Saint-Étienne, les charmants uniformes de l'armée, qui semblent dessinés par des marchandes de modes, de couleur tendre, blancs, bleu pâle, vert d'eau, fleur de pêcher. On dit que le sang se voit trop sur ces vestes charmantes :

on va quitter ces tons d'opéra-comique pour le gros bleu, le brun; quel dommage! Ces petits soldats, à la jambe fine, à la moustache frisée, savent mourir, mais ils n'ont point l'air mâle, farouche des blonds et lourds soldats du Nord; on se demande s'ils sont assez forts, assez vigoureux.

Je les voyais passer et s'arrêter devant l'orchestre de Strauss : le maëstro avait pris l'archet, et la valse, par lui conduite, avait par moments je ne sais quels frémissements hystériques et quelle langueur adorable. La volupté a si bien rempli toutes ces âmes qu'il n'y a plus de place pour les pensées austères. Trois jours après ce lamentable désastre de Sadowa, que faisait le peuple de Vienne? Il courait à un bal masqué donné pour les blessés : il dansait!

On dit qu'il règne à Vienne une extrême liberté, et que les grandes dames peuvent très-bien s'asseoir au Volksgarten à côté des petites bourgeoises et même de ces personnes que je ne sais comment nommer, mais qui sont dans toutes les capitales les guides les plus obligeants du voyageur. On ne voit jamais très-clair aux choses nouvelles, et je crois qu'il m'eût été impossible, dans la foule qui se pressait dans le beau jardin, de faire une classification qui à Paris ne m'offrirait aucune difficulté. Je resterai donc toujours persuadé que j'eus l'honneur de passer cette soirée avec ce que l'aristocratie viennoise a de plus élégant.

Les lampions s'éteignent un à un, la dernière ritournelle a fini, les violons et les violoncelles rentrent dans leurs lits de bois, et nous retournons à *l'Agneau d'or.*

Le lendemain matin, départ pour la Bohême (duc d'A..., duc de C.... et moi). Nos sacs sont pleins de livres et de cigares. Jomini, le grand Frédéric, M. de Moltke, le colonel suisse Lecomte, sont du voyage. On ne parle d'autre chose que de brigades, de divisions, de gauche, de droite, etc. Moi, je regarde un peu le paysage; nous traversons le Danube, nous sommes sur une grande plaine unie, sans arbres; voilà Wagram! Mon cœur a un instant bondi. Mes yeux suivent quelques silhouettes de chevaux qui traînent la charrue; aux stations, sont des mendiants enveloppés de longs manteaux de drap blanc, des jeunes gens coiffés du bonnet de police hongrois, qui mangent des saucisses chaudes sans pain, des femmes aux pieds nus, des Slovaques avec leurs jupes de toile blanche. Un mot me réveille : le Spielberg! La forteresse est très-pittoresque. L'ombre de Silvio Pellico doit être contente! Que ses tyrans sont déchus! Plus d'uniformes blancs à Venise! Et la fille du geôlier? Morte sans doute, comme lui. La puissance des caractères d'imprimerie est grande : que d'alliés *Mes prisons* ont faits à l'Italie! tous les cœurs ont conspiré pour elle.

La Moravie est un pays de petites montagnes. Pays de misère : les femmes ont partout les pieds nus; j'en vois qui travaillent à des terrassements; les enfants conduisent des troupeaux d'oies; bois de bouleaux argentés, de pins, de sapins, dur sol de granit, peu d'habitants.

Pardubitz est une jonction importante; nous descendons de notre wagon. A la porte du buffet, un maître d'hôtel allemand nous reçoit; habit noir râpé, serviette sur le bras, cheveux plats et gras allant d'une tempe à l'autre : « Erlauben sie mir Ihren Herrschafften mein gans unterthänigsten guten morgen zu wünchen. » Nous ne pouvons nous empêcher de rire sous cette décharge de servilité allemande. Il y aurait à faire une étude sur la platitude comparée des Anglais, des Allemands, des Russes, etc.

Nous voici au bout de notre voyage : nous quittons le chemin de fer à Josephstadt; nous entrons à la nuit tombante dans la place forte. Josephstadt n'est qu'une ville de guerre, une place carrée entourée de casernes et de murailles. Une seule auberge sert de pension à messieurs les officiers. L'aubergiste a l'air étonné d'avoir trois voyageurs : nous sommes suspects; on nous interroge; en d'autres temps, on nous eût demandé nos passe-ports : on se contente d'enregistrer nos noms. Nous faisons un méchant repas à côté des officiers, qui fument et vident des verres de bière de Pilsen en devisant des affaires du régiment.

Quelle vie! Les piles de boulets, les appels, les promenades sur le rempart, les inspections, les repas dans la noire salle d'auberge, les saluts à l'aubergiste obséquieux, les caresses au chien, l'œillade à la servante, l'histoire du lieutenant, le dernier numéro du *Journal de Vienne;* mais non, il ne faut pas lire les journaux, on serait mal noté. Et de beaux jeunes gens, forts, vigoureux, passent ainsi des mois, des années, et ne deviennent ni fous ni malades! Le sentiment du devoir est plus puissant dans l'humanité qu'on ne pense.

De bonne heure, à cinq heures, nous partons dans une voiture de poste autrichienne. Nous allons droit au débouché des montagnes de la Silésie à Skalitz, par où est entrée la gauche prussienne en 1866. Il fait encore frais; la brume du matin enveloppe la lourde forteresse, qui vient seulement de relever ses ponts-levis; on va d'une traite, sur des routes bordées de pruniers, de pommiers, à Jaromicz, un gros bourg situé sur l'Elbe. Sur la grande place pavée irrégulièrement, est une fontaine avec des statues de saints grimaçantes et contournées, dans le style jésuitique et rococo du dernier siècle, et une Vierge noire à rayons dorés. Partout, en Autriche, on retrouve ce style, les statues peintes, penchées, qui ont des poses d'acteurs; la sculpture fade et sans goût du temps de Marie-Thérèse; tout autour des grandes places, des maisons à façades prétentieuses, blanchies à la chaux; ordinairement des galeries basses font le tour, abritant toutes sortes de boutiques.

A Schweinschädel, une croix de bois marque dans un champ la tombe de six cents soldats, tout près d'une vaste bergerie qui appartient aux Schaumbourg-Lippe.

A Skalitz, visite du champ de bataille : c'est ici que le vieux Steinmetz, à l'extrême gauche prussienne, a attaqué Ramming et l'archiduc Léopold. On voit encore des traces de boulets çà et là sur l'église et les maisons; beaucoup de toits neufs remplacent déjà ceux qu'on a brûlés.

L'attaque prussienne a commencé sur la droite, à la faveur du rideau des bois dits de la Faisanderie; elle s'est développée sur Skalitz; elle fut arrêtée au centre par des batteries placées à la sortie du village au-dessus de la ligne du chemin de fer. Ces batteries tinrent fort nette la plaine qui leur faisait face; la gauche prussienne s'étendit alors hors de portée vers des marais, et, tournant la droite autrichienne, s'empara de la chaussée du chemin de fer et de la gare. A ce moment, les Autrichiens évacuèrent Skalitz; les Prussiens aiment à dire qu'ils l'ont pris d'assaut.

En nous rapprochant des montagnes, nous trouvons Wissykoff, petit village situé dans un pli au sortir du défilé de Nachod. Quand on a pris un défilé, il faut en prendre aussi les abords; tenir la tête sans occuper la gorge, c'est rendre l'occupation du

défilé trop précaire. Règle militaire dont Steinmetz
n'a eu garde de s'écarter : après le combat de Nachod,
il conduisit ses troupes fatiguées jusqu'à Wissykoff.
Il y eut là un beau combat de cavalerie. Le fusil à
aiguille dut faire merveille, car un petit parti d'infanterie prussienne put tenir contre des forces très-
supérieures sur le plateau, le long d'un bois de
sapins.

Nachod est un gros bourg placé à la tête du défilé,
à peu de distance de la frontière ; on y voit un vieux
château pittoresque appartenant aux Schaumbourg-
Lippe, qui fut un peu pillé le jour du combat, les
Lippe ayant pris parti pour l'Autriche à la Diète.
Les Prussiens ne dédaignèrent même pas les couver-
tures de lit des simples habitants, si j'en crois le
postillon qui nous mène à Trautenau. Ce bourg
est une autre porte de la montagne ; on y arrive en
longeant la chaîne par Skasowitz, où sont des mines
de charbon.

Trautenau est dans la vallée de l'Alpa, cours d'eau
qui donne le mouvement à quelques filatures ; nous
montons sur le Kapellenberg et le Galgenberg. On
a élevé sur ce dernier monticule un obélisque noir à
la mémoire des victimes du corps de Gablenz. Les
Prussiens arrivèrent par les hauteurs à travers bois et
couronnèrent les collines voisines du Kapellenberg et
du Galgenberg. Gablenz les repoussa avec beaucoup
d'énergie, et les força de se replier en grand désordre

derrière le défilé des montagnes. Le lendemain, les gardes qui marchaient à quelque distance de Bonin, et dont celui-ci avait imprudemment repoussé le concours avant la défaite de Trautenau, tombèrent sur Gablenz par une marche de flanc et lui firent un mal affreux. Si Gablenz avait été soutenu et avait pu lutter avec quelque avantage contre les gardes, le corps de Bonin, qui s'était replié en désordre sur la frontière, ne fût pas revenu; le mouvement de l'armée prussienne était manqué. Le retour des Prussiens à Trautenau fut accompagné de grands désordres, et les soldats, battus deux jours avant par Gablenz, commirent des atrocités, sous prétexte d'exercer des représailles. ····

De Trautenau nous allons à Kœniginhoff; la descente se fait par un pays boisé, plein de sapins, assez pittoresque. A Kœniginhoff, chemin de fer jusqu'à Turnau, gros bourg où nous couchons. On ne parle que tchèque dans notre auberge; on voit pendus aux murs les portraits des meneurs du mouvement slave. Turnau a, comme tous les bourgs bohêmes, sa grande place, où les maisons sont décorées de façades blanchies, ornées dans un goût prétentieux, où sa fontaine est entourée de saints. Saint François est le patron du pays; on le voit partout, sur les places, sur les routes, pressant une croix sur son cœur. Les femmes, ici, comme dans tout ce pays, sont laides, sales, sans souliers, sans bas; mais les hommes ont de jolies bottes, des moustaches frisées, des pipes superbes. Ils sont plus beaux, peut-être parce qu'ils travaillent moins. La femme est restée une bête de somme. J'entends appeler les vieilles femmes « matoushka », ce qui me rappelle les romans de Tourguenef et la Russie. Le parler tchèque est doux, harmonieux : on sent partout la paresse slave. Les prix de l'auberge de Turnau sont d'un bon marché ridicule : pourquoi ne pas nous avoir offert simplement l'hospitalité?

C'est sur Kœniginhoff que Gablenz battit en retraite quand il fut coupé par les gardes après sa victoire stérile sur Bonin. De tous les généraux autrichiens, le seul qui montra des qualités militaires ne fut pas soutenu dans un moment si décisif. Nous longeons les monticules de grès du Muskeyberg ; voici Podol et Münchengrætz. C'est par ici qu'arriva la colonne du prince Charles. A Podol, beau combat d'avant-garde au clair de lune. A Münchengrætz, un engagement pour couvrir la retraite des Autrichiens : leur artillerie s'était établie sur la falaise du Muskeyberg et balayait la plaine. Mais la colline, abordée par des mouvements de flanc des Prussiens, dut être évacuée.

Nous suivons la route des armées ; elle nous mène à Gitchin. Il y a eu ici deux combats : d'abord à quelque distance de ce bourg, les Autrichiens prennent une bonne ligne de défense inclinée en glacis : les Prussiens ne peuvent faire taire par leur canon cette ligne d'artillerie. Alors, comme toujours, on essaye un mouvement tournant; il s'exécute sur la droite, et réussit : le succès est dû à la solidité du centre prussien, très-bien établi sur la route de Trubau. Ce centre reprend l'offensive au moment où le flanc gauche autrichien plie : le fusil à aiguille a dû le servir beaucoup à rester en position. Les Autrichiens font retraite.

Les Saxons livrent un deuxième combat en face de Gitchin. Ils ont pris une longue ligne de défense avec Clam Gallas. Les batteries saxonnes sont au centre sur l'Eisenberg, petite colline déchiquetée de minerai de fer. Des combats décousus se livrent sur la gauche autrichienne parmi des collines rocheuses, à droite, dans un fond marécageux. Les Prussiens ont partout le dessus. Il ne semble pas que les Saxons aient ce jour-là été brillants, ils se sont seulement retirés en bon ordre.

A Gitchin, nous nous reposons dans l'auberge qui servit au roi de Prusse de quartier général : je fais jaser le maître de l'*ostinec*. Il parle du roi : « Un bien bel homme, et si bon, si généreux! il nous a donné beaucoup d'argent. »

On couche à Ostitz dans une petite auberge in-fâme : des lits remplis de vermine, une nourriture qui ne peut tenter un appétit vorace. Pendant qu'on attelle le lendemain matin, je regarde quelques hommes accroupis à l'angle des galeries de la place;

ils fument, silencieux; je vois ouvrir les lourdes portes des boutiques bardées de fer forgé d'un dessin original; nous partons enfin par un temps brumeux, tout semblable à celui de la grande bataille. Nous allons à Sadowa par le même chemin que le roi de Prusse, mais avec d'autres pensées.

Peut-on se défendre de quelque émotion en approchant de ces grands théâtres où les affaires humaines arrivent à leur péripétie? La route est bordée de pruniers, de cerisiers; elle court à perte de vue sur un terrain immense à larges ondulations. On descend dans un pli; le Bistritz est au fond, un méchant ruisseau, et Sadowa, un village de quelques maisons, toutes rebâties à neuf. Le Bistritz séparait les deux armées; elle va à peu près du nord-est au sud-ouest. Les Prussiens arrivent du nord; le roi doit passer le pli de terrain à Sadowa; bien loin, à Nechanitz, le prince Charles à la droite; le prince royal a dû se mettre en mouvement de bonne heure pour venir tourner à gauche et prendre de flanc l'armée autrichienne, établie sur la route de Sadowa à Kœnigingrætz : un seul aide de camp lui a au milieu de la nuit porté l'ordre du départ. L'a-t-il reçu? viendra-t-il? N'importe, on attaquera; entre le roi et le prince Charles, un immense terrain ouvert où se déploient l'artillerie, la cavalerie prussiennes.

Du côté autrichien, même disposition; il y a

comme un double gradin, dont le plus élevé va de Chlum vis-à-vis de Nechanitz. Les Prussiens prennent assez facilement possession du premier. C'est le second que Benedek veut surtout défendre : sa belle artillerie est placée dans d'admirables positions pour les feux plongeants. Les Prussiens concentrent leur effort principal en avant de Sadowa ; ils veulent en vain forcer les hauteurs que domine la colline de Chlum, et ne *réussissent* qu'à s'établir dans le bois, au fond de la vallée. Fransecki le tient avec une énergie héroïque, et Benedek pousse en vain sur lui successivement des divisions prises sur son extrême droite, rangée en potence en face des points par où doit déboucher le prince royal. L'effort des deux armées se concentre sur ce point : les Prussiens se découragent ; le combat dégénère en un duel de mousqueterie et d'artillerie. On ne voit rien venir sur l'extrême gauche ; le roi, sur le pont de Sadowa, commence à devenir pensif ; on parle un moment de retraite. L'artillerie autrichienne tonne victorieusement sur toute la ligne des hauteurs. Enfin, au moment décisif, à ce moment où la balance de la fortune longtemps incertaine se met à pencher, les colonnes du prince royal arrivent : l'effort enragé des Prussiens devant Sadowa, impuissant d'ailleurs, a eu ce résultat que Benedek avait aggloméré devant Chlum toutes les troupes que le matin il avait disposées pour couvrir l'aile droite. Quand le prince royal arriva avec les gardes, cette droite n'était plus protégée. On livre autour de Chlum des combats désordonnés, un peu au hasard : un moment, Benedek est enveloppé de Prussiens; la longue ligne prussienne, si longtemps tendue, retenue, se remet en branle; de toutes parts la bataille recommence; les Autrichiens se sentent déjà vaincus : l'artillerie fait en vain de folles prouesses, allant jusqu'à charger l'ennemi. La déroute commence, effrayante, affreuse, une déroute de Waterloo; nul ordre dans la retraite; on va vers Kœnigingrætz, on se foule, on se presse dans le faubourg; la petite place forte s'emplit de fuyards, puis ferme ses portes. Les vaincus errent en criant sur les glacis. La cavalerie prussienne s'aventure jusqu'au faubourg dit de Prague. La nuit descend sur une défaite lamentable, sur une armée qui n'est plus une armée. Les Prussiens bivouaquent sur le champ de bataille.

Le succès de leur opération était complet : en entrant par deux points si éloignés en Bohême, par des défilés si isolés, on courait un danger extrême. Un adversaire avisé se serait jeté avec toutes ses forces, soit sur l'armée de l'Elbe, venant de Trautenau, soit sur l'armée de Silésie, marchant en trois colonnes séparées; il la culbutait, la rejetait au delà des montagnes, et se donnait au moins ainsi une semaine pour combattre l'autre avec avantage.

Gablenz fut sur le point d'arrêter Bonin, mais

il ne fut point appuyé. Le vieux Steinmetz en tenant ferme à l'extrême gauche, les gardes en marchant au canon de Gablenz, réparèrent la défaite de Bonin.

Benedek ne comprit rien aux projets prussiens; il semble n'avoir été occupé que de recueillir les Saxons; son esprit resta flottant entre l'armée de l'Elbe et celle de Silésie; voyant de fortes masses approcher de divers côtés, il ne sut prendre son parti et choisir une direction. Il ne pouvait pourtant, en marchant droit, commettre d'erreur : n'importe où il frappait fort, il frappait un coup mortel. La concentration prussienne une fois faite ou du moins les armées en communication, Benedek choisit bien son terrain de bataille à Sadowa. La ligne principale de Sadowa à Nechanitz était excellente; mais Sadowa fut attaqué avec tant d'impétuosité et de ténacité, qu'il fallut dégarnir la droite, et, lors de l'arrivée du prince royal, Chlum n'était plus défendu.

Les Prussiens, il faut l'avouer, furent admirables pendant leur courte campagne. Pour l'infanterie autrichienne, elle était entièrement démoralisée par l'effet du fusil à aiguille; l'artillerie fut au contraire magnifique, chargeant, comme je l'ai dit, à la fin de la bataille et ne s'arrêtant qu'à cinquante mètres de l'ennemi pour lui cracher de la mitraille. Elle perdit naturellement ainsi beaucoup de canons. La cavalerie couvrit, aussi bien qu'elle le put, la retraite, qui se fit dans une extrême confusion. Les Saxons, assez faibles à Gitchin, tinrent très-bien à Sadowa, et se retirèrent sans perdre un canon.

Nous montâmes à la tour de Chlum; la petite église porte encore des traces de boulets : tout autour de l'église et du village sont des monuments élevés à la mémoire des victimes; Prussiens, Autrichiens, dorment ensemble le dernier sommeil. Toute la journée, dans les champs, nous avons rencontré des croix de bois : quand elles seront pourries, il ne restera rien de tant de braves gens qui sont venus mourir là.

Voici les reliques de la gloire ! Un invalide vend aux voyageurs qui viennent à Chlum des balles, des morceaux de boulets, des boutons d'uniforme, etc. Du haut de l'église, on aperçoit très-bien le terrain par où le prince royal a débouché. « S'il n'était pas venu ! » se dit-on. Mais il est venu : l'histoire n'a pas de conditionnel.

En route pour Kœnigingrætz : une grande ligne droite ! Nous arrivons à la nuit tombante, comme les fuyards, au faubourg de Prague, d'où Benedek envoya ses bulletins. Quel mouvement alors ! quel calme aujourd'hui ! Cette auberge était le quartier général : ce soir, on joue des valses dans le petit jardin, où quelques soldats boivent de la bière en fumant. La place forte a encore pourtant son air de bataille : pas un arbre, pas un obstacle sur les glacis;

tout a été rasé, comme à Josephstadt; les toits, les clochers, lèvent leurs silhouettes anguleuses sur le ciel. Pauvres arbres, si lents à grandir, si vite coupés, en une nuit! parce que M. de Bismarck a écrit une lettre plus hautaine que de coutume, et qu'un archiduc en habit blanc a fait le tour des remparts!

Voilà la grande place, l'église aux clochers aigus, l'auberge de *l'Agneau.* Les officiers, dans la salle commune, sont déjà entourés d'un nuage de fumée. Nous montons dans nos chambres; deux chambres pour trois : des lits sans draps, où l'on se couche entre le matelas et une épaisse couverture de coton. Je vais faire ma cour à une jeune femme qui loge au rez-de-chaussée, et qui semble être la Vénus de cet Olympe. Sa chambre s'ouvre sur l'entrée des voyageurs. J'entrevois, par la porte qui bâille, un portrait de femme nue jusqu'à la ceinture ou même un peu plus bas. Je tâche de faire comprendre à Vénus que je voudrais des draps; elle promet de les apporter elle-même. — L'aubergiste ne s'occupe que de sa pipe et de messieurs les officiers. Comme l'un de nos voyageurs est un peu fatigué, on sert le dîner dans sa chambre. Les draps arrivent : mais Vénus ne veut plus s'en aller, il faut la mettre un peu à la porte.

Nous passons trois jours en ce lieu charmant : on prend des notes militaires; on ne parle que Jomini, de Moltke, dislocation, brigades, demi-brigades, prince Charles. — Le dimanche matin, je vais entendre la messe militaire : le bel hymne de Haydn résonne avec une douceur et un éclat inouïs dans l'église de la garnison. Les Hongrois aux pantalons collants sont là comme à la parade, regardant les femmes. Les filles prient et regardent les soldats. Sur la place, on se promène du matin au soir; tous ces soldats ont bonne mine, bonne façon; ils n'ont pas l'air lourdaud, épais, des gens du Nord. Il leur manque sans doute ce qui animait les lourds bataillons du Brandebourg, de la Poméranie, une ambition, une idée. Rien de plus coquet, de plus joli que les uniformes, très-simples pourtant, avec très-peu d'or et de chamarrures : on sent dans ces natures quelque chose de féminin. Les têtes sont rondes, petites. Les officiers sont pour la plupart très-pauvres : beaucoup sortent des rangs; leurs habits, si charmants, sont peu coûteux : ils vivent pour le dehors, la promenade, l'uniforme. Leur vie intérieure est presque sordide.

On ne sent nulle part en ces pays l'effort : tous ces gens se laissent vivre, aiment le grand air, la musique, la danse. Je vais le dimanche soir, avec le duc de C....., voir un bal de soldats dans le faubourg de Prague. Jeunes filles, enfants, maritornes hideuses, soldats, tout remue; quand les danseuses font défaut, les militaires hongrois dansent entre eux; ils jouissent de la valse avec passion, y mettent une sorte de volupté physique et sauvage. On crie, on boit, on se querelle un peu; quand ils ont beaucoup dansé, les Hongrois volontiers jouent du sabre.

Dans les parties de la Bohême ravagées par la guerre, parmi les petites gens, aubergistes, postillons, je n'ai pas entendu un cri de haine ou de colère contre la Prusse. On est depuis des siècles habitué à la guerre. Que de fois ce pays n'a-t-il pas été traversé, foulé par des armées? Le peuple n'est qu'un témoin : à Sadowa, ce n'est pas lui qui a été battu, c'est l'armée de l'Empereur. La force qui retenait solidement le faisceau de l'Empire s'est affaiblie : le faisceau se desserre.

Au lieu d'une douleur, on éprouve je ne sais quel allégement; les races respirent mieux, elles se bercent de vagues espérances, de folles illusions. Les Hongrois ont forcé l'Empereur à redevenir le roi de Hongrie; après l'unité, on essaye le dualisme. Il y a deux ministères, deux gouvernements, des deux côtés de la Leitha. Le succès des Hongrois excite l'ardeur des Tchèques, des Polonais, des Moraves : on n'entend parler que de pragmatique sanction, de droit historique. M. de G...... comprit le dualisme d'une façon assez originale : il avait une maîtresse allemande, il en a pris une seconde, hongroise. Les Tchèques voudraient qu'il en prît une troisième. Tout ce désordre prouve que, sous le gouvernement absolu, les races diverses de l'Empire ont pu du moins vivre, végéter, germer. Les peuples civilisés et libres sont dévorants : le duché ae Posen est déjà plus germanisé que la Gallicie. L'étonnement des Prussiens en Bohême fut des plus grands en entendant parler partout slave : ils étaient indignés contre l'Autriche.

Je ne crois guère à l'avenir des Tchèques ; ils seront bien plus promptement absorbés qu'autrefois et fondus dans la masse germanique, si l'Autriche conserve les libertés nouvelles qu'ils sont si heureux de posséder et dont ils sont souvent tentés d'abuser. La parole joue un trop grand rôle dans les gouvernements parlementaires pour que la langue ne devienne pas le ciment naturel des nations. L'empereur d'Autriche actuel a appris sept langues et les parle ; mais on ne se figure guère un parlement polyglotte. A Berne, on parle, il est vrai, français et allemand dans le conseil fédéral ; mais la Suisse est si sage, si petite ! Les deux grands fleuves slave et allemand qui se rencontrent en Autriche ne mêleront pas longtemps leurs eaux : chacun se fera un lit. Les Allemands de Vienne ne se sépareront jamais en pensée de la grande Allemagne. La politique autrichienne est un labyrinthe dont le fil n'est pas trouvé.

J'eus le temps de faire ces réflexions et bien d'autres dans l'auberge de Kœnigingrætz, pendant que mes compagnons de voyage se plongeaient dans leurs études militaires.

Nous partons enfin : à la gare, au moment du départ, arrive un jeune officier charmant, vingt-deux ans au plus, accompagné d'une espèce de mentor ; on l'appelle monsieur le comte. Il monte dans notre compartiment : un vieux monsieur et une jeune fille lui font de tendres adieux. Lui-même a l'air ému, la voix caressante : « Ich weine innerlich », dit-il (Je pleure intérieurement). Les mains se pressent cent fois, la jeune fille est prête à sangloter. Le train part. Encore quelques mouvements de la main, du mouchoir. Tout d'un coup, quand le devoir des adieux est bien rempli, le jeune comte se tourne vers les murs de la ville et s'écrie avec une joie indicible : « Addio, Kœnigingrætz. » Sa figure s'est illuminée. Hypocrisie de la jeunesse ! elle pleure là-bas, le cœur gros, la mémoire chargée de doux souvenirs et de mensonges ; lui rit insolemment et frappe sur les genoux de son mentor, et crie encore : « Addio, Kœnigingrætz. » Ce petit roman se complète dans les bouffées épaisses de nos cigares : je vois dans la fumée les promenades sur les remparts, un rideau qui s'écarte pour voir passer le jeune comte dans son habit blanc bien serré. Un comte ! Plus d'une petite bourgeoise est devenue comtesse et a pu broder une couronne sur un mouchoir, sur une taie d'oreiller. Et puis, qu'il est beau et poli ! que cette

bague armoriée sied bien à cette fine main ! Le
colonel le salue plus bas qu'aucun autre officier.
Hélas ! le voilà parti, parti pour Vienne, pour le
Prater, pour le Graben. Que Kœnigingrætz est vide !
Les cœurs ont aussi leurs Sadowa.

Nous arrivons à Prague.

La religion dans toute l'Autriche est matérialisée ;
on voit bien ce réalisme à Prague. Là, dans les
vieilles églises romanes, gothiques, on a mis aux
vieux piliers badigeonnés des chapiteaux corinthiens
dorés ; les autels sont ornés comme des femmes, de
dentelles, de fleurs ; le nu des statues saintes est
peint de couleur de chair. On pose sur la tête du
Christ en croix, au lieu de couronne d'épines, des
couronnes de fleurs, des coiffures de papier. Les
saints portent au cou de vraies médailles attachées à
de vrais rubans rouges, violets ; la tête de la Vierge
est comme un soleil entouré de rayons. Tout luit,
tout étincelle ; autels, confessionnaux, chaires, sont
du style rococo le plus tourmenté, le plus extra-
vagant. Ces églises sont la fête des yeux des pauvres gens : ils y ont l'éblouissement de l'or ; à la
maison, ils retrouvent les chiffons noircis du papier-
monnaie.

Je vais, avec le duc de C....., visiter le quartier
juif. Voilà le vrai Ghetto ! La poussière, la boue, la
crasse des siècles : on mettait autrefois des chaînes
le soir aux issues du quartier maudit. Croissez et

multipliez, misérables, en vos sales repaires! A quoi il faut ajouter : « Achetez et vendez », car chaque maison est une boutique, chaque enfant un marchand. Vieux clous, vieux habits, vieux baromètres, jeunes femmes! Quelles fleurs ont poussé sur ces fumiers humains! quels germes le vent a pris ici, à Francfort, dans tous les noirs quartiers de la misère juive! J'entrevois une tête charmante, deux yeux de gazelle longuement fendus et bordés de cils longs comme des pinceaux, des épaules de neige, rosées par le soleil couchant; et qu'est-ce qui tourne les pages du livre où la jeune fille de Lévi promène nonchalamment le regard? Un prince d'une des plus nobles et plus antiques maisons de l'Europe. Cette vision me suivit dans les rues du quartier juif : de petites filles nous jetaient des regards provocateurs; toute femme ici, dit-on, se vend; la jeunesse est à la prostitution; l'âge mûr à la maternité, aux soins de la famille. D'une vie elles font deux vies, l'une cynique et vile; l'autre austère, fidèle. Ne trouve-t-on pas cette âme double chez tous les Sémites?

Nous visitons le champ de bataille de 1757, près de Prague. Le grand Frédéric fit une marche de flanc en ordre de bataille devant le prince de Lorraine, et tourna la droite autrichienne. Comme toujours, les Autrichiens avaient pris une bonne position sur le Zizkaberg; mais quand l'armée de

Frédéric, de l'autre côté de la vallée, se mit en mouvement le long des hauteurs, la ligne autrichienne pivota sur sa droite et fit une conversion générale qui entraîna quelque désordre. Frédéric attaqua vigoureusement sur sa gauche, aidé du vieux Schwerin, l'inventeur de l'école de bataillon, qui mourut là, tenant en main le drapeau·de son régiment, qu'il avait ramené à travers des fonds marécageux. Vainqueur à la gauche, Frédéric remonta en quelque sorte toute la ligne autrichienne jusqu'aux hauteurs qui avaient servi de pivot dans le mouvement autrichien.

Cette bataille fut terrible; il y eut soixante mille hommes hors de combat, Autrichiens ou Prussiens. Le terrain est intéressant; ce sont des collines siluriennes noires, nues, abruptes, vers la Moldau, et se reliant par des plateaux onduleux dont les plis sont marécageux. Un vieil invalide garde le monument de Schwerin.

Après la victoire, la défaite. Nous allons visiter le champ de bataille de Kolin. Prague bloqué, Frédéric fut contraint de laisser une partie de ses troupes pour surveiller le prince de Lorraine enfermé dans cette ville, et d'aller au-devant du vieux Daun, qui venait essayer d'en faire le déblocus. Cette fois encore le roi fit une marche de flanc en ordre de bataille. Zieten tenait la gauche : il fit une attaque heureuse, et rejeta une partie de la droite ennemie sur Kolin.

Le centre et la droite suivaient Zieten en colonne.
Le roi avait ordonné à l'armée de ne point dépasser
une chaussée qui marquait la ligne de bataille. Mais
les pandours, cachés de l'autre côté dans les blés,
tourmentèrent tellement Manstein, qu'il ne prit pas
le temps de se relier à Zieten, et fit front pour atta-
quer les Autrichiens. Toute l'armée, à sa suite, fit
demi-tour; il resta une ouverture entre le centre et
la gauche. La cavalerie prussienne s'y jeta en vain,
et essaya de charger : elle fut repoussée; alors Nostitz
et les Saxons achevèrent de briser la ligne prussienne
et écrasèrent le centre. Zieten s'était replié prudem-
ment et couvrit la retraite.

Cette bataille prouve quel danger présentent les
marches de flanc à trop petite distance de l'ennemi.
Frédéric, dans ses Mémoires, raconte ses batailles
avec une extrême clarté. L'homme y paraît partout
supérieur au roi et même au général. Il n'y a de
vraie grandeur qu'à cette condition. Jamais Frédéric
n'est plus admirable que dans la défaite; le malheur
ne l'écrase pas comme Napoléon, il le relève; il
n'abandonne jamais l'armée comme fit l'Empereur
en Égypte, en Russie, à Waterloo; il reste avec les
siens et déploie des ressources, une fertilité d'invention inouïes.

Quel roi que celui qui fit du pauvre Brandebourg,
d'un pays sans frontières, sans passé, la Prusse!
Quand on étudie la conduite de Frédéric à la lueur

de l'histoire moderne, on devient bien indulgent pour le conquérant de la Silésie. Il fit plus qu'un royaume, il créa des institutions. L'administration, la justice prussienne sortirent de son cerveau. Son œuvre lui survit : elle est toujours la même. Sa gloire rayonnera toujours sur l'Allemagne, et en restera une des forces et un des soutiens. Où est, au contraire, l'empire de Napoléon Ier? où sont ses conquêtes? quel progrès a-t-il fait faire à la France? Il l'a rejetée en arrière, et son souvenir pèse encore comme un funèbre cauchemar sur le génie brillant de la nation qu'il a asservie et déshonorée. Comme homme de guerre, comme politique, comme administrateur, le grand Frédéric n'a pas à craindre la comparaison avec Napoléon.

Tout me ramène à la grandeur prussienne : j'ai vu ces plaines où les Hohenzollern ont fait un nouveau bail avec l'Allemagne; il faudrait bien des fautes et des crimes pour les faire descendre du piédestal où Sadowa les a hissés. Est-il vrai que notre époque soit républicaine et pacifique? Je vois tout aux pieds de deux rois soldats, de Victor-Emmanuel et de Frédéric-Guillaume. L'Italie, l'Allemagne nouvelles resteront monarchiques. Le grand Empereur, celui qui de soixante millions d'esclaves a fait soixante millions d'hommes libres, est moins un souverain qu'un dieu. Pendant que ces nations grandissent ou se relèvent, on discute en France les questions les plus misérables; la France semble devenue incapable d'une volonté suivie, d'une longue pensée. Il y a de petits grands hommes qui jouent au Mirabeau ou au Robespierre. Au lendemain de Sadowa et sous le règne de Napoléon, on rencontre des gens qui disent : « Je suis Girondin », d'autres : « Je suis Jacobin ». Il n'y a pas deux partis, il y a dix partis : *les légitimistes, les catholiques légitimistes, les catholiques bonapartistes, les bonapartistes démocrates, les bonapartistes conservateurs, les orléanistes démocrates, les orléanistes légitimistes, les républicains modérés, les républicains rouges, les socialistes,* etc.

Que ces disputes sont vaines ! La guerre a cela de beau, qu'on y expose et qu'on y donne sa vie. Dormir son dernier sommeil sur un champ de bataille, ou, vainqueur, se dire : « J'ai fait quelque chose; il restera quelque chose de moi. Je ne suis pas venu en vain ici », voilà qui est digne d'un homme !

Pour quels héros étranges travaille pourtant l'histoire ! Voilà que la Providence, le Dieu inconnu, a pris pour son représentant le vieux roi de Prusse et donne une tâche révolutionnaire à un ennemi-né de la Révolution ! Quelle plaisanterie que l'histoire si l'on ne regarde qu'à ses dehors, à son décor ! Mais il y a une force secrète, terrible, qui fait remuer tous les dieux et demi-dieux de la terre; une force qui s'ignore et qui tend où la pousse une autre force

encore plus ignorée; l'histoire est une suite réglée
de hasards, elle va toujours à quelque chose de nécessaire : tout lui est bon, tribuns et rois, monar-
chies et républiques, la barbarie et la civilisation.
Où nous mène-t-elle? où va l'Europe, si vieille, si
usée? où vont nos races latines? où va la France,
si vile et si charmante, si rusée et si facile à tromper, si haineuse et si douce, si brave et si timide, si
injuste envers ceux qui l'ont aimée et si généreuse
envers ceux qui lui ont fait du mal; nation folle,
objet de haine et d'amour, unique au monde, qu'on
pourra vaincre mais non égaler, dominer mais non
asservir, qui échappe à toutes les mesures par la
souplesse d'un génie insaisissable et déréglé? Elle
n'est pas seulement inconstante : elle est tourmentée
d'une sorte de logique perverse qui lui démontre la
fausseté de toutes les lois. Elle place entre toutes
choses et soi le doute moqueur et l'inexorable ironie.

FIN.

TABLE.

BIBLIOTHÈQUE

DES

VOYAGES

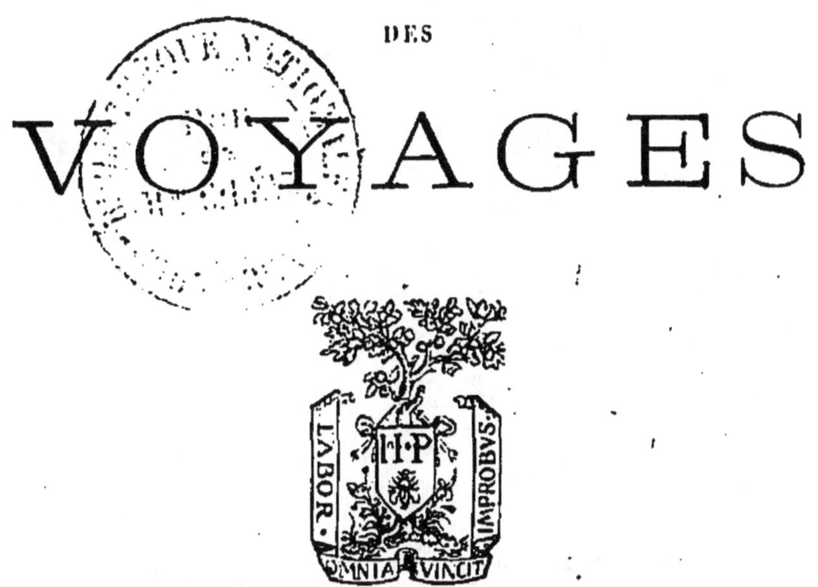

EXTRAIT DU CATALOGUE GÉNÉRAL

DE LA

LIBRAIRIE HENRI PLON

Rue Garancière, 8 et 10

Chacun des ouvrages est expédié *franco* par la poste à la personne qui en fait parvenir *franco* le prix en timbres-poste ou en mandats sur la poste.

PARIS

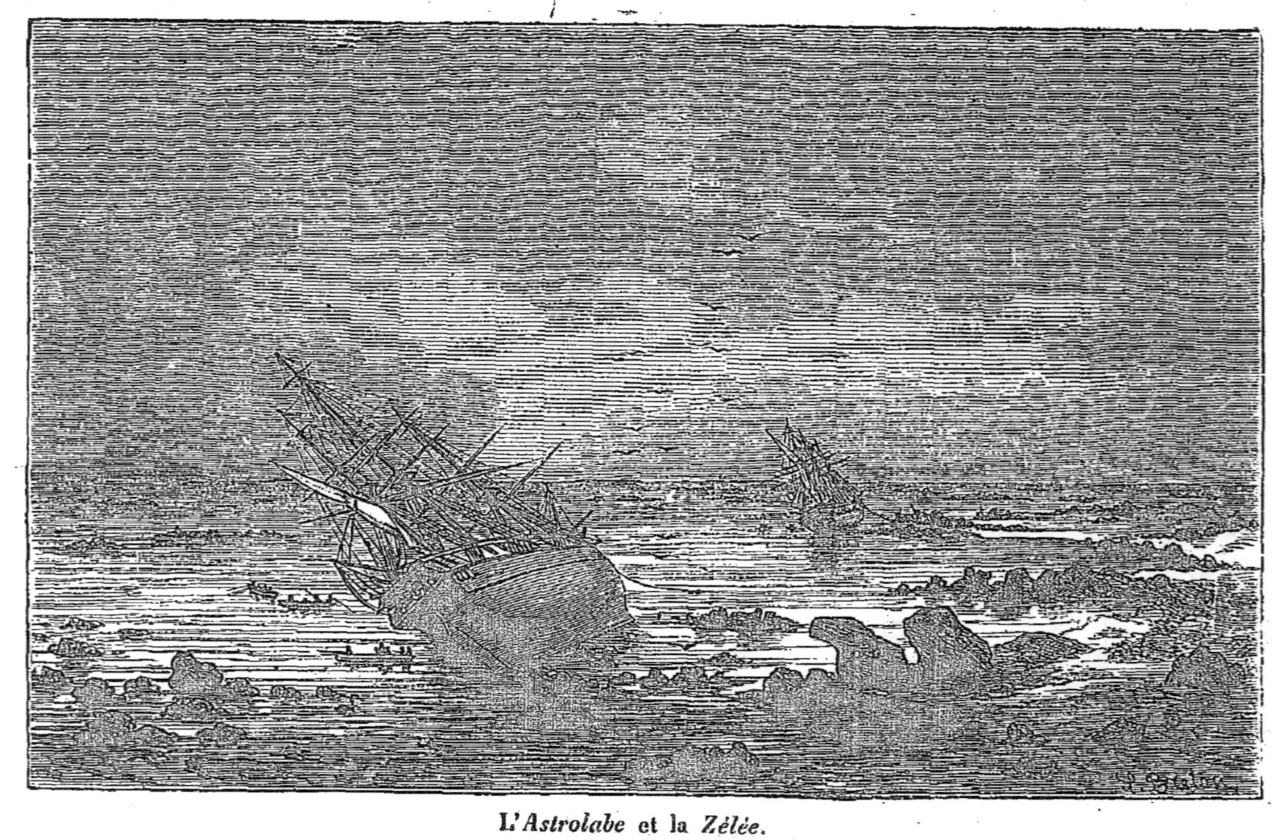

L'Astrolabe et la Zélée.

AUSTRALIE
VOYAGE AUTOUR DU MONDE

PAR

LE COMTE DE BEAUVOIR

Ouvrage enrichi de deux grandes Cartes

ET DE DOUZE GRAVURES-PHOTOGRAPHIES

Huitième Édition

Un joli volume in-18. — Prix : 4 francs.

M. Cuvillier-Fleury, de l'Académie française, écrivait dans le *Journal des Débats :* « Lisez ce livre, l'enjouement n'y manque pas, mais non plus la raison, le bon sens, l'entrain libéral d'un enfant de la France moderne, qui ne renie pas son siècle et ne sait pas médire de son pays. C'est l'œuvre d'un honnête esprit et d'un généreux cœur. »

A la tribune du Corps législatif, M. Thiers citait avec éloge les pages dans lesquelles l'auteur traite des questions commerciales.

« La double curiosité de ce charmant livre écrit par un si jeune homme consiste à la fois dans un détail de chiffres très-facile à comprendre, et dans des observations très-justes d'un monde encore si nouveau, parvenu déjà à tant de progrès. »

(JULES JANIN, *Indépendance belge.*)

« Il y a de tout dans ce charmant volume, des aventures de chasse et des tempêtes pour ceux qui se plaisent aux surprises, des observations et des études de mœurs pour les moralistes curieux de ce qui se passe dans le cœur de l'homme, de l'économie politique pour les érudits, de l'agronomie et du paysage, des récits pleins de verve et des aperçus pleins de chiffres. Il y a surtout un grand sentiment de la vérité. »

(AMÉDÉE ACHARD, *Moniteur universel.*)

« Les récits de M. de Beauvoir entraînent le lecteur par le charme des descriptions, par le souffle de vie et de liberté qui s'en dégage. L'auteur nous promène dans les palais de Melbourne, dans les mines d'or dont il nous fait connaître l'histoire et le mode d'exploitation, dans les immenses propriétés des *squatters*, et dans les huttes des cannibales. »

(R. RADAU, *Revue des Deux-Mondes.*)

Les Amazones du roi de Siam.

La Rue circulaire, à Pékin.

PÉKIN, YEDDO

SAN-FRANCISCO

VOYAGE AUTOUR DU MONDE

PAR

LE COMTE DE BEAUVOIR

Ouvrage enrichi de quatre Cartes spéciales

ET DE QUINZE GRAVURES-PHOTOGRAPHIES

Sixième Édition

Un joli volume in-18. — Prix : 4 francs.

« C'est joliment débuter dans la vie que d'y entrer par un si beau voyage et un livre si charmant. Allons ! il y a encore des jeunes gens dans notre France ! M. de Beauvoir est un aimable compagnon à connaître. Il fait avec tant de grâce les honneurs de son extrême jeunesse ! Il petille d'une joie si vraie et si communicative ! Il est si heureux de dire :

J'étais là, telle chose m'advint !

» Il est naturel, il a de l'esprit, et du meilleur, de celui qu'on ne cherche point, qui jaillit à tout propos d'une âme épanouie. »　　(FRANCISQUE SARCEY, *Journal de Paris*.)

La presse a été unanime dans les jugements sympathiques qu'elle a portés sur cet ouvrage.

« Un mot de ce jeune voyageur qui m'intéresse, écrivait M. AUGUSTE VILLEMOT dans le *Figaro*. Il accompagnait dans une exploration autour du monde M. le duc de Penthièvre, fils de M. le prince de Joinville. M. de Beauvoir, qui ne voyage pas uniquement pour s'amuser, tire de ses études des conclusions qui valent la peine d'être méditées. »

L'Éléphant *blanc*, à Siam.

VOYAGE
AUTOUR DU MONDE

AUSTRALIE
JAVA, SIAM, CANTON
PÉKIN, YEDDO, SAN-FRANCISCO

PAR

LE COMTE DE BEAUVOIR

Ouvrage enrichi de 116 gravures, cartes, plans et fac-simile

Un superbe vol. gr. in-8° colombier. — Prix : 16 fr.

« Il ne demandait pas un si grand honneur pour son livre, l'aimable et modeste voyageur qui, en si bonne compagnie, a fait récemment ce *tour du monde*, où tous nous l'avons suivi. Le suffrage des gens de goût, l'empressement des lecteurs et le succès, qui ne gâte rien, lui suffisaient. Mais il avait affaire à un éditeur qui ne fait pas les choses à demi. M. Henri Plon avait conçu le projet d'une grande réimpression illustrée du *Voyage* de M. de Beauvoir. Son fils l'a exécutée avec l'entrain traditionnel de sa maison pour les belles choses.

Voici tantôt quatre ans que le jeune comte de Beauvoir est en pleine possession de ce public intelligent et curieux qu'il a si vivement captivé. Son nom suffit désormais à la vogue de ses œuvres, quoique le splendide costume sous lequel M. Eugène Plon les offre aujourd'hui à nos regards n'y nuise pas. Les gravures qui ornaient le livre ont été presque triplées. L'impression est aussi belle qu'elle puisse sortir de ces ateliers justement célèbres dont les malheurs de notre pays n'ont arrêté, depuis deux ans, ni le travail ni le progrès.

Le livre de M. de Beauvoir compte parmi ceux qu'on aime à retrouver sous sa main, à conseiller à ses enfants, et qu'on place, après les avoir lus, sur un rayon préféré de sa bibliothèque. » (CUVILLIER-FLEURY, *Journal des Débats*.)

Halte dans la Brousse.

H. PLON, Imprimeur-Éditeur, rue Garancière, 8 et 10, à Paris.

VOYAGE AUTOUR DU MONDE

LA

NOUVELLE-CALÉDONIE

(CÔTE ORIENTALE)

Par JULES GARNIER

INGÉNIEUR CHARGÉ PAR LE MINISTRE DE LA MARINE D'UNE MISSION D'EXPLORATION
EN OCÉANIE, SECRÉTAIRE DE LA SOCIÉTÉ DE GÉOGRAPHIE DE PARIS, ETC.

Ouvrage illustré de gravures-photographies et d'une carte spéciale

Troisième édition

Un joli volume in-18. — Prix : 4 francs.

~~~~~~~~~

Un des auditeurs de M. J. Garnier, à une de ses conférences de la *Société de géographie*, écrivait :

« Le récit des excursions en Nouvelle-Calédonie de M. Jules Garnier a vivement intéressé l'auditoire. Ce voyageur ne s'est pas borné à visiter les côtes ; il a pénétré dans l'intérieur et s'est mis en rapport avec les soupçonneux cannibales qui, encore aujourd'hui, rendent certaines parties de l'île presque inaccessibles. Possédant des fragments de plusieurs langues indigènes, il a pu rapporter de ses voyages des notions neuves et curieuses. »

(Casimir Delamarre, journal *l'Étendard*, 1868.)

On écrivait encore au sujet d'une conférence de M. Jules Garnier à la Sorbonne :

« ..... Le jeune narrateur a, pendant une heure et demie, tenu l'assemblée sous le charme de sa parole. Il a parlé de cette colonie naissante en touriste, en savant et en artiste, révélé une foule de détails intimes et d'un grand intérêt. »

(Ch. Gaches, *Mémorial de la Loire*, 1869.)

« Le livre de M. Garnier contient surtout mille épisodes de la vie sauvage et aventureuse que ce voyageur menait dans des tribus vierges du pas des Européens ; l'auteur y résume aussi, pour les gens du monde, ses travaux de géologie, de linguistique, d'ethnographie. »
~~~~~~~~~

La Case de la Reine, à l' « Ile des Pins ».

H. PLON, Imprimeur-Éditeur, rue Garancière, 8 et 10, à Paris.

VOYAGE AUTOUR DU MONDE

OCÉANIE

LES ILES DES PINS, LOYALTY ET TAHITI

Par JULES GARNIER

INGÉNIEUR CHARGÉ PAR LE MINISTRE DE LA MARINE D'UNE MISSION D'EXPLORATION
EN OCÉANIE, SECRÉTAIRE DE LA SOCIÉTÉ DE GÉOGRAPHIE DE PARIS, ETC.

Ouvrage enrichi de gravures-photographies et d'une carte spéciale

Un joli volume in-18. — Prix : 4 francs.

« Esprit net et vif, caractère décidé, organisation bien trempée, philosophe pratique, accessible pourtant à la fantaisie et à la rêverie, studieux, instruit, ne laissant échapper sans le noter rien de ce qui se développe, vit et se meut autour de lui, M. Jules Garnier est une des plus brillantes personnifications du voyageur moderne. »

(M. LEVALLOIS, dans l'*Opinion nationale*.)

Citons encore ce qu'écrivait dans l'*Illustration* au sujet de cet ouvrage un géographe connu, M. Richard Cortambert :

« C'est une promenade à la fois dramatique, saisissante, et souvent relevée d'une pointe d'humour, que le jeune explorateur nous fait entreprendre à sa suite. »

Mais à part le mérite de l'ouvrage, il y a encore l'actualité, et tout le monde est aujourd'hui curieux de connaître l'île des Pins, les Loyalty, les Marquises, Tahiti, c'est-à-dire les terres lointaines vers lesquelles ont été dirigés les tristes comparses du lugubre drame de la Commune.

La boutique de Sao-qua à Canton.

VOYAGE

DE LA CORVETTE *LA BAYONNAISE*

DANS

LES MERS DE CHINE

PAR

LE VICE-AMIRAL JURIEN DE LA GRAVIÈRE

TROISIÈME ÉDITION

enrichie de deux grandes cartes

ET DE DIX DESSINS DE GAUTIER SAINT-ELME GRAVÉS PAR MÉAULLE

Deux jolis volumes in-18. — Prix : 8 francs.

« Le *Voyage de la corvette « la Bayonnaise » dans les mers de Chine* est d'un puissant attrait pour les amateurs de pérégrinations. Le vice-amiral inoculerait aux plus paresseux le goût des émigrations lointaines. Les études du voyageur sur les colonies espagnoles et néerlandaises, sur l'avenir réservé à la race qui peuple le grand continent asiatique, méritent l'attention de tous : des hommes d'État ainsi que des curieux. L'émigration chinoise, dit l'auteur de ce remarquable livre, jouera sous peu un rôle de la dernière importance. La Chine, écrit-il, est une eau stagnante qui dort depuis des siècles ! Viennent les digues à se rompre et l'on verra ce que peut cette inondation ! Assis dans un fauteuil, sans souci des dangers, vous pourrez, avec M. Jurien de la Gravière, parcourir ces tribus légendaires, visiter ces régions privilégiées où la nature semble déployer un enthousiasme de chaque heure. Devant le lecteur, grâce à un récit des plus vifs et des plus colorés, les fécondes Moluques, Java, les séduisantes Philippines, déploieront une pompe grandiose. Et, sans avoir vu, jusqu'à un certain point il pourra se dire : J'ai vu ! »

(CHARLES DIGUET, *le Gaulois*.)

Vue de l'Acropole et des colonnes du temple de Jupiter Olympien.

H. PLON, Imprimeur-Éditeur, rue Garancière, 8 et 10, à Paris.

ATHÈNES

D'après le colonel LEAKE

Ouvrage mis au courant des découvertes les plus récentes

Par M. PHOCION ROQUES

CHARGÉ D'AFFAIRES DE GRÈCE A PARIS

Précédé d'une Introduction par C. WESCHER

Un joli volume in-18, illustré d'une carte et de huit gravures
dessinées par L. Breton, d'après des photographies

Prix : 4 francs.

« Tout voyageur qui partira dans le but de parcourir la terre
sacrée où vécut le peuple auquel l'humanité doit la poésie, la
philosophie, l'éloquence et les beaux-arts, fera bien d'emporter
ce petit volume, qui, sous une forme restreinte et substantielle,
renferme tous les documents dont un homme intelligent et
curieux peut avoir besoin pour comprendre cette civilisation
raffinée, élégante, amoureuse du beau, à la fois héroïque et
faible, enthousiaste et ingrate, dont les vestiges, supérieurs à
toute autre ruine au monde, nous frappent encore d'admiration.
Grec de naissance, chargé de discuter de hautes questions
diplomatiques, M. Phocion Roques n'a pas cru pouvoir mieux
honorer sa patrie qu'en en racontant les antiques splendeurs.
Avec un soin filial, il a réuni, d'après les travaux du colonel
Leake, tous les renseignements qui pouvaient aider les voyageurs à bien connaître la ville de Minerve et à se débrouiller
au milieu de l'écheveau encore confus des traditions locales. Il
a rendu ainsi un grand service à la science; l'histoire et l'archéologie ne peuvent que gagner à une semblable publication,
sérieuse sans être trop technique, intéressante sans être frivole,
et empruntant sans parti pris aux auteurs anciens et aux découvertes modernes tous les éléments qui peuvent former une
opinion raisonnée. »

(MAXIME DU CAMP, *Journal des Débats.*)

Saint-Pierre de Rome.

NOTRE CAPITALE
ROME
Par Mademoiselle Zénaïde FLEURIOT
OUVRAGE ENRICHI DE QUATRE-VINGT-QUINZE GRAVURES
Un très-beau volume in-18. — Prix : 4 fr.

Le titre de ce livre dit assez éloquemment toute sa pensée, toute sa portée. A côté du souffle chrétien qui l'inspire, et comme épuré par ce contact, il y a le parfum poétique; il y a aussi l'amour vrai de l'art. L'auteur est encore là estimable comme écrivain, parce qu'elle développe le goût du beau. Rome est la capitale des arts, Rome est la capitale de la chrétienté !

Le Saint-Père a adressé à l'auteur un bref dont voici la traduction :

A notre chère fille en Jésus-Christ ZÉNAÏDE FLEURIOT, *Paris.*

PIE IX, SOUVERAIN PONTIFE

Chère fille en Jésus-Christ, salut et bénédiction apostolique. Ce que des hommes de grand mérite n'ont pas jugé indigne d'eux : les uns de composer des récits imaginaires, les autres de donner à des histoires véritables l'attrait de la fiction afin d'attirer les lecteurs, de les détourner des mauvais livres et de jeter à leur insu dans leurs âmes des semences de piété, Nous vous félicitons de l'avoir fait par une longue suite de volumes, chère fille en Jésus-Christ. C'est pourquoi Nous avons reçu avec plaisir le dernier de ces ouvrages, dans lequel vous décrivez Notre ville de Rome que vous veniez de visiter. Dans ce travail, vous vous êtes proposé d'amener les esprits à considérer la majesté et la sainteté de ses monuments, à contempler la splendeur de ses cérémonies sacrées et à admirer la noblesse de la ville elle-même. Cette Rome qui autrefois dominait par la puissance des armes, étend aujourd'hui, par la religion, son empire jusqu'aux extrémités du monde; elle est devenue la patrie commune des Chrétiens par l'éclat que lui donne la Chaire glorieuse du Vicaire de Jésus-Christ, et elle attire à elle tous les esprits et tous les cœurs.

Nous appelons sur votre pieux dessein tout le succès que vous souhaitez, et comme présage de la faveur d'en haut et comme gage de Notre bienveillance paternelle, Nous vous accordons aujourd'hui et du plus profond de Notre cœur, très-chère fille en Jésus-Christ, la bénédiction apostolique.

Donné à Rome, à Saint-Pierre, le trentième jour du mois de décembre de l'année 1872 et de Notre Pontificat la vingt-septième.

PIE IX, PAPE.

Façade de l'Hôtel de ville après l'incendie.

H. PLON, Imprimeur-Éditeur, rue Garancière, 8 et 10, à Paris.

PARIS BRULÉ
PAR LA COMMUNE
Par M. LOUIS ÉNAULT

Ouvrage illustré de douze gravures-photographies

REPRÉSENTANT LES ÉDIFICES ET LES QUARTIERS INCENDIÉS

DEUXIÈME ÉDITION

Un volume in-18 jésus. — Prix : 4 francs.

La nuit du 23 au 24 mai 1871 projettera une lueur sinistre sur l'histoire.

Cette nuit-là, Paris brûlait.

Le crime des Érostrate et des Néron était dépassé d'un seul coup : la scélératesse et la folie se conjuraient pour épouvanter le monde.

Paris brûlait !

Ah ! ceux qui, comme nous, épris d'une invincible tendresse pour la grande et noble cité qui fut pendant des siècles la reine et la vraie capitale du monde, vivaient depuis dix longs mois au milieu de tous les périls et de toutes les angoisses, pour ne point s'éloigner d'elle avant d'avoir vu la fin de ses épreuves, ceux-là contemplèrent le spectacle le plus grandiose et le plus terrible peut-être qui se soit jamais déroulé devant l'œil de l'homme.

Paris brûlait !...

D'immenses nuages de fumée, sombres d'abord et presque noirs, montèrent vers le ciel, puis redescendirent vers la terre, qu'ils semblaient couvrir d'un impénétrable dôme. Bientôt de grandes lueurs rouges éclairèrent ces nuages; la flamme remplaçait la fumée, et la ville que l'on avait si souvent appelée le flambeau du monde brûlait comme une torche; — sans doute pour mourir comme elle avait vécu — en éclairant !

La beauté, — une beauté infernale, — ne manquait point à ces terreurs !

Notre escorte.

Le soleil de minuit sous le cercle polaire, au 21 juin.

SAHARA ET LAPONIE

SOUVENIRS D'UNE EXPÉDITION FRANÇAISE

DANS LE DÉSERT DE SABLE

DE STOCKHOLM A CHRISTIANIA PAR LE CAP NORD

PAR

Le Comte GOBLET D'ALVIELLA

Un joli vol. in-18, enrichi de 18 gravures. — Prix : 4 fr.

Nous avons pensé qu'il serait intéressant de réunir dans un même ouvrage des impressions recueillies dans deux pays aussi opposés que le Sahara et la Laponie.

Lors de son excursion en Afrique, le comte Goblet d'Alviella fut particulièrement favorisé par la présence de la colonne française chargée de poursuivre dans le Sahara les débris de la dernière insurrection algérienne. Il put ainsi visiter dans les meilleures conditions, non-seulement le désert des plateaux et les oasis de l'Oued-Rhir, mais encore le désert de sables et le curieux district de l'Oued-Souf. On voit au premier coup d'œil que l'auteur ne cherche pas à forcer l'attention du public par l'introduction de personnages fictifs et d'incidents imaginaires. Mais, non content de décrire en touriste ou plutôt en observateur consciencieux les types et les sites qui lui ont passé sous les yeux, il résume, chemin faisant, en quelques aperçus sans prétention, les principales questions soulevées par les caractères physiques et ethnographiques des régions où il promène son lecteur, pour terminer par quelques considérations, pleines d'impartialité comme d'actualité, sur l'avenir de la domination française en Algérie.

Dans son voyage autour de la péninsule scandinave, M. Goblet d'Alviella, prenant au rebours la route suivie il y a trente-cinq ans par l'expédition scientifique de la *Recherche*, quitta Stockholm pour traverser la Laponie, de la mer Baltique à l'Océan glacial, et redescendre ensuite le long des côtes norvégiennes. Utilisant les délais inséparables d'un pareil trajet, son compagnon de voyage, M. F. de Beeckman, recueillit un certain nombre de croquis pleins d'originalité, qu'on trouvera reproduits dans l'ouvrage.

On peut se figurer à combien de contrastes et de rapprochements curieux doivent donner lieu dans l'esprit du lecteur ces tableaux juxtaposés de la nature polaire et du paysage saharien, respectivement caractérisés par les populations laponnes et arabes, nomades toutes les deux, mais si divergentes d'aspect.

H. PLON, Imprimeur-Éditeur, rue Garancière, 8 et 10, à Paris.

Italie, Sicile, Bohême. Notes de voyage, par M. L. Laugel. Un joli volume in-18 elzevirien. Prix. 4 fr.

Souvenirs de voyage : Céphalonie, Naxie et Terre-Neuve, par le comte de Gobineau ; — le Mouchoir rouge ; Akrivie Phrangopoulo ; la Chasse au caribou. Un volume in-18. Prix. .... 2 fr. 50

Harmonies de la mer. Courants et révolutions, par M. Félix Julien, lieutenant de vaisseau, ancien élève de l'École polytechnique. Un volume in-18 jésus. Prix. .... 2 fr. 50

Les Commentaires d'un Marin, par Félix Julien. Un volume in-8°. Prix. .... 5 fr.

— *Le même,* édition in-18. Prix. .... 3 fr.

L'Archipel des îles normandes, Jersey, Guernesey, Aurégny, Sark et dépendances ; Institutions communales, judiciaires, féodales de ces îles, avec une Carte pour servir à la partie géographique et hydrographique, par Théodore Le Cerf, de la Société des Antiquaires de Normandie. Un vol. in-8°. . 5 fr.

BIBLIOTHÈQUE

DES

BEAUX-ARTS

EXTRAIT DU CATALOGUE GÉNÉRAL

DE LA

LIBRAIRIE HENRI PLON

Rue Garancière, 8 et 10

Chacun des ouvrages est expédié *franco* par la poste à la personne qui en fait parvenir *franco* le prix en timbres-poste ou en mandats sur la poste.

PARIS

GAVARNI

L'HOMME ET L'ŒUVRE

PAR

EDMOND ET JULES DE GONCOURT

OUVRAGE ENRICHI DU PORTRAIT DE GAVARNI

GRAVÉ A L'EAU-FORTE PAR FLAMENG

d'après un dessin de l'artiste

et du fac-simile d'un autographe de Gavarni

Un beau volume in-8° cavalier. — Prix : 8 francs.

« Nous avons, disent MM. de Goncourt, beaucoup vécu avec Gavarni. Pendant de longues années, nous avons été presque la seule intimité du misanthrope. Il éprouvait pour le plus jeune de nous deux une sorte d'affection paternelle, et la solitude du Point-du-Jour s'ouvrait à notre visite avec cet aimable mot d'accueil : « Mes enfants, vous « êtes la joie de ma maison. »

« Ce sont, dans leur vagabondage libre et leur franche expansion, les causeries, les confidences de cette intimité que nous donnons ici. Ce sont des journées entières passées ensemble, des soirées où nous nous attardions, oublieux de l'heure et de la dernière gondole de Versailles ; ce sont les lentes et successives retrouvailles d'un passé revenant à Gavarni au coin de son feu ou au détour d'une allée de son jardin, — une biographie pour ainsi dire parlée, — où la parole du causeur, de l'homme qui se raconte, est notée avec la fidélité d'un sténographe.

« Le fils de Gavarni, Pierre Gavarni, que nous ne saurions assez remercier, a complété notre travail sur la vie de son père, par la communication entière de ses papiers. Il nous a confié ses fragments de mémoires, ses carnets, ses notules, ses récits de voyage, ses cahiers de mathématique, au parchemin graisseux et noirci par une compulsation continue, et où la littérature écrite à rebours se mêle aux x, enfin les feuilles volantes qui livrent des épisodes de son existence. »

Le Nid d'Amours.

L'Amour chez Bacchus.

Les Manolas au balcon.

GOYA
Par CHARLES YRIARTE
SA BIOGRAPHIE
LES FRESQUES, LES TOILES, LES TAPISSERIES, LES EAUX-FORTES
ET LE CATALOGUE DE L'OEUVRE
Avec cinquante Planches inédites
D'APRÈS LES COPIES DE TABAR, BOCOURT ET CH. YRIARTE

Un magnifique volume in-4°. — Prix : 30 francs.

« Un écrivain de talent, M. Charles Yriarte, a voulu faire apprécier en France ce peintre étrange et complexe, le plus génial peut-être qui ait paru depuis longtemps dans l'histoire de l'art. Venu après des travaux d'une importance beaucoup moindre, son livre suit Goya dans toutes les phases de sa vie, et l'étudie dans toutes les manifestations de son génie. Fait avec un très-grand soin, plein de recherches et d'études, écrit d'un bon style, orné d'un grand nombre de gravures qui reproduisent les ouvrages, fresques, tableaux ou eaux-fortes les plus intéressants, ce travail met en lumière le personnage d'une façon probablement définitive. Jugeant comme nous le penseur militant, sans peut-être se placer au même point de vue, ni le frapper d'une égale réprobation, l'auteur analyse l'artiste avec une grande compétence et une connaissance entière du sujet. Nos réserves faites sur l'esprit qui semble l'animer au point de vue philosophique et social, nous ne pouvons que louer et recommander son ouvrage. Il apporte sur le héros toutes les lumières désirables. Goya, décorateur, peintre de fresques et de genre, aquafortiste, est critiqué d'une façon qui le révèle entièrement.

(Extrait d'un article de l'*Union*.)

Naissance de Sainte Notburg.

LA VIE ET LA LÉGENDE

DE

MADAME SAINTE NOTBURG

ÉTABLISSEMENT

DE LA FOI CHRÉTIENNE DANS LA VALLÉE DU NECKAR

OUVRAGE DIVISÉ EN TROIS LIVRES ET TRENTE-NEUF CHAPITRES

PAR M. A. DE BEAUCHESNE

Et orné de 84 gravures d'après les dessins de M. S. Langlois

DEUXIÈME ÉDITION

Nous avons le regret de ne pouvoir reproduire ici en entier l'excellen article de M. Alfred Nettement, qui, après avoir apprécié jusque dans ses détails le récit de M. de Beauchesne, conclut ainsi :

« Je ne connais pas de livre où l'on oublie plus délicieusement les agitations de notre temps et les préoccupations de la vie matérielle, en se plongeant dans les eaux pures et fraîches du monde légendaire. »

« Pour comprendre et pour peindre cette mystique héroïne, dit M. X. de Villarceaux dans *l'Artiste*, il fallait un Giotto, et c'est Overbeck lui-même qui a désigné celui qui devait être chargé de cette belle œuvre.

« Voilà plus de dix ans que M. Plon prépare le livre de sainte Notburg, qui paraît précisément pour être un des plus beaux cadeaux d'étrennes de cette année. L'habile imprimeur, qui est aussi un maître dans son art, l'a revêtu d'un luxe typographique du goût le plus pur. Le caractère employé est celui des premiers élèves de Gutenberg, et chaque page est encadrée de ce même filet rouge qu'on retrouve sur tous les riches manuscrits du moyen âge. »

La première édition de cet ouvrage a été imprimée pour les amateurs en caractères gothiques. — La deuxième édition est imprimée dans le caractère elzevirien, si agréable et si facile à la lecture.

Chaque édition forme un magnifique volume très-grand in-8°
sur beau papier glacé. — Prix, broché, 25 francs.
Avec jolie reliure, plaque dorée et dorure sur tranche, 30 francs.

Galerie flamande et hollandaise, comprenant 100 planches gravées sur cuivre d'après les chefs-d'œuvre de Rubens, Rembrandt, Van Dyck, Teniers, Ostade, Ruysdaël, etc., etc.; texte par Arsène Houssaye. Un volume grand in-folio. Prix. . . . . . 125 fr. Demi-reliure chagrin, tranche dorée en tête. 150 fr.

Les Loges de Raphaël. Collection complète des cinquante-deux tableaux peints à fresque qui ornent les voûtes du Vatican et représentent des sujets de la Bible, dessinés par Joseph-Charles de Meulemeester, ancien pensionnaire de France à Rome, etc., et gravés sous la direction de M. L. Calamatta. Prix de la collection, en noir, 300 fr.; — sur chine. . . . . 420 fr.

Le Génie des peuples dans les arts, par M. le duc de Valmy. Un beau volume in-8º cavalier vélin glacé. Prix. . . . . 8 fr.

Musée des Archives nationales : Documents originaux de l'histoire de France exposés dans l'hôtel Soubise. Ouvrage enrichi de 1,200 *fac-simile* des autographes les plus importants, depuis l'époque mérovingienne jusqu'à la Révolution française, publié par la Direction générale des Archives nationales. Un volume in-4º de 102 feuilles. Prix. . . . . . 40 fr.

Causeries d'un Curieux. Variétés d'histoire et d'art tirées d'un cabinet d'autographes et de dessins, par F. Feuillet de Conches. Ouvrage enrichi de nombreux *fac-simile* d'autographes. Quatre magnifiques volumes in-8º cavalier vélin glacé. Prix. . . . . 32 fr.

PARIS. TYPOGRAPHIE DE HENRI PLON, RUE GARANCIÈRE, 8.